MILO RAU

WAS TUN?

Kritik der postmodernen Vernunft

KEIN & ABER

INHALTSVERZEICHNIS

PROLOG:
MOSKAU, ZÜRICH, AVIGNON

Es muss irgendwann Ende März gewesen sein, als mich das unerfreuliche Gefühl überkam, auf verlorenem Posten zu stehen. Ich war gerade erst aus Russland in die Schweiz gereist, um die »Zürcher Prozesse« vorzubereiten, einen dreitägigen, ausschließlich mit realen Akteuren besetzten Verhörmarathon um die Zeitung *Die Weltwoche*. Im gerade abgeschlossenen Vorgängerprojekt »Die Moskauer Prozesse« hatte ich unter anderem den Fall gegen die Punkband Pussy Riot neu verhandeln lassen. Was mich dabei erstaunt hatte, war der zutiefst postmoderne Charakter der Priester und nationalistischen Demagogen – und insbesondere Maxim Schewtschenkos, dem Staatsanwalt. Er verquirlte kommunistische, religiöse, antikapitalistische, nationalistische und anarchistische Floskeln zu einem Diskurs, mit dem er problemlos ein zapatistisches Manifest hätte verfassen können. Pussy Riot, und überhaupt alle von der Verteidigung aufgerufenen Aktionskünstler und Linksintellektuelle, verachtete er als kleinbürgerliche »Agenten der Massenkultur«, die im Zuge der Globalisierung die authentische russische Kultur nach und nach auslöschen und durch eine Welt aus Plastik und Coca-Cola ersetzen würden. *No pasarán*, schrie einer von Schewtschenkos Experten im Zeugenstand und reckte die linke Faust in den Himmel. Die Sache endete mit einem unerwartet knappen Freispruch für Pussy Riot.

Eigentlich hatte ich gehofft, mich im Rahmen der »Zürcher Prozesse« intellektuell ein wenig von den russisch-orthodoxen Nationalisten zu erholen. Ja, ehrlich gesagt, machte ich mir sogar Sorgen um die Journalisten der als Wasserträgerin der rechtsnationalen Schweizerischen Volkspartei verschrienen *Weltwoche*. Egal, wie die Sache ausging, zweifellos würden sie im Lauf der drei Tage von ihren Gegnern zerrieben werden. Doch schon die Aufgabe, linke Intellektuelle überhaupt auf die Bühne zu kriegen, erwies sich als schwierig. Einige teilten mir mit, sie würden »nicht einmal symbolisch an einem Prozess gegen eine Zeitung teilnehmen«. Andere fürchteten sich vor der Rache der *Weltwoche* und ihren Kolumnisten. Wieder andere hatten einfach keine Lust, überhaupt noch über all diese ewig gleichen populistischen Wahnvorstellungen und Pseudo-Tabubrüche zu diskutieren. Falsch verstandene Moral und elitärer Dünkel: Trotz aller Anstrengungen der Ankläger reichten diese linken Tugenden aus, dass die *Weltwoche* mit sechs zu einer Stimme freigesprochen wurde. Das Schlussplädoyer des Verteidigers der Zeitschrift bestand in einem Lob der pluralistischen Medienlandschaft, und der Angeklagte, gespielt von einem Redakteur der *Weltwoche*, verglich sich in seinem letzten Wort mit Hannah Arendt. Die Zuschauer aus dem Ausland glaubten sich – wie ich selbst kurz zuvor in Russland – in einem surrealistischen Film.

Was war los mit diesen »Linken« – die doch ansonsten keine Gelegenheit ausließen, sich über die Populisten lustig zu machen und deren *idées fixes* von Nation bis Religion zu dekonstruieren? Warum bestand die Strategie von Pussy Riot darin, sich als *bessere* Russen darzustellen und auf ihrer künstlerischen Freiheit zu beharren, anstatt einfach offen und ehrlich auf die Religion, auf Russland und all die damit verbundenen Gemeinheiten und Lügen zu pfeifen? Was hatten sie überhaupt noch zu bieten, »die Linken«, außer einem seltsam utopielosen *Anything goes* und einer völlig inhaltsleeren Tugendhaftigkeit? War der eigentliche Grund, warum sie die direkte Konfrontation mit den Populisten mieden, vielleicht sogar der, dass sie sowieso verlieren würden in der Arena der postmodernen Mediendemokratie? Weil die Rechten nicht nur die besseren, krasseren, brutaleren Modernisten gewesen waren, sondern jetzt auch noch die fieseren Postmodernen? »Links«, das hatte für mich immer geheißen, dass man jeden Kampf annahm und sich auch in der aussichtslosesten Situation nur eine Frage stellte, eben die Frage des berühmten leninistischen Manifests: *Was tun?* Was tun für eine bessere, für eine gerechtere Welt? Was tun, um all diese Idioten aus dem Feld zu schlagen im Ringen um die Diskursmacht? Nun schien es eher, als hieße »links«, dem politischen Kampf aus dem Weg zu gehen und indes in feuilletonistischen Begleitdebatten recht zu behalten. Wo war Lenin, wo war der Kommunismus geblieben? Was war verdammt noch mal los mit dem Osten unserer Seele?

Kurzum, ich war ein wenig verwirrt, als ich einige Wochen später ans Festival d'Avignon fuhr. Wer sich der Illusion hingibt, es gäbe keine Hippies mehr, der soll zur Festivalzeit nach Avignon reisen, dort gibt es Tausende – eine davon war meine Inspizientin. Ich kam mit ihr ins Gespräch, weil ich sie vor dem Theater sitzen und Foucault lesen sah. Sie erzählte mir, sie habe in Paris Soziologie studiert, sei dann aber von der Uni genervt gewesen, habe eine Zeit lang bei der *Libération* gearbeitet und sei schließlich beim Theater gelandet – die übliche Karriere. Ich erzählte ihr ein wenig von Moskau, und schließlich kamen wir auf die Frage der Homo-Ehe: Warum in Frankreich Hunderttausende wegen diesem belanglosen Detail auf die Straße gingen? Ob es nicht wichtigere Probleme gäbe? Die Foucault-Schülerin antwortete: Es ginge ja nicht um die Homosexuellen, und ihres Erachtens würde es auch in Russland nicht um sie gehen. Worum es gehe, sei, dem Kapitalismus ein klares *No pasarán!* ins Gesicht zu schleudern – Stopp der Zerstörung aller Traditionen und aller Werte, Stopp der gnadenlosen Globalisierung. Denn in Wahrheit sei dieser Kampf gegen die im Einzelfall natürlich irrelevanten religiösen Werte und Traditionen keineswegs antiideologisch, nicht einmal aufklärerisch. Nein, es sei reinste Ideologie, es sei genau das, was man in einem früheren Wissenssystem Satanismus genannt hätte: kein kollektiver spiritueller Fortschritt mehr, sondern bloß noch die Steigerung der privatisierten Umsätze, des jeweils individuellen Instant-Glücks.

Ich wusste nicht genau, was ich darauf antworten sollte; und gleichzeitig hatte ich auch keine Lust, wieder einmal *richtige* von *falscher* Kapitalismuskritik zu unterscheiden und der Foucault-Schülerin einen postmodernen Denkfehler nachzuweisen. Kurz: Es ging mir wie den Schweizer Linken, über die ich mich gerade aufgeregt habe.

Der folgende Essay ist der Versuch, ein wenig klarer über den Weg zu werden, der uns auf die Stufen dieses Theaters in Avignon geführt hat. Es ist ein Essay über eine intellektuelle Rat- und Lustlosigkeit, die auch meine eigene ist. Eine Sache will ich deshalb vorausschicken: Wenn ich den postmodernen Pluralismus und den Interkulturalismus als sterilisierte Schwundformen linker Utopiefähigkeit beschreiben werde; wenn ich einen Typus verspotten werde, den ich den »linken Geschichtslehrer« nenne, dann handelt es sich nicht um Boshaftigkeit (zumindest nicht ausschließlich), sondern um Polemik aus Liebe zum Gegenstand selbst. Die im Folgenden vorgetragene Kritik ist die Kritik an einer intellektuellen Fassade, die Gefahr läuft, endgültig ideell entkernt zu werden. Denn »links« heißt in meinen Augen, dass es auf Ideen überhaupt noch ankommt, ja: dass es noch eine Form von *Geschichte* gibt, die nicht bloß in der Rezeption der eigenen Vergangenheit und der Verhinderung zukünftiger Katastrophen besteht.

Im Übrigen weiß ich sehr wohl, dass wir in einer unvollkommenen Welt leben, in der es bereits heroisch zu nennen ist, wenn man sich hartnäckig gegen die täglichen Zumutungen des Kapitalismus sträubt. Ich weiß, wie mühsam es ist, auch nur die banalsten symbolpolitischen Vereinbarungen immer und immer wieder gegen die blöde und verlogene Traditionsseligkeit der Neo-Konservativen zu verteidigen. Dass Linkssein heute kein fröhliches Bad in allen möglichen Utopien, sondern eher das geduldige Wiederaufstellen der immer gleichen zivilisatorischen Bausteine bedeutet, ist eine Tatsache, die mir schmerzlich bewusst ist. Doch trotzdem: Wie der Abergläubische, der sich ein Hufeisen über die Tür hängt, obwohl er weiß, dass es ihn vor nichts schützen wird – so hänge ich den Namen von Lenins Manifest *Was tun?* über den viel kleinlicheren und natürlich viel zutreffenderen Titel der *Kritik der postmodernen Vernunft*.

Geschrieben wurden die folgenden Überlegungen im August 2013 nahe Draguignan, einer Provinzstadt im Süden Frankreichs, berühmt für seinen gewaltigen Truppenübungsplatz. Während ich schrieb, drang durch den Wald das Schießen der völlig sinnlosen, aber dekorativen französischen Armee an meinen Tisch, der sogenannten *Force de Frappe*, die der gewöhnliche Draguignaner Bürger aber ironisch *Force d'Attrape* nennt. Sie wird für mich wohl immer ein Symbol der postmodernen Vernunft bleiben.

KRITIK DER POSTMODERNEN VERNUNFT

1.

Ist man mit linken Intellektuellen zusammen, spürt man manchmal eine Art Einsamkeit. Es fehlt nicht nur das klassische revolutionäre Subjekt, sondern auch die revolutionäre Situation: die Spannung, die uns sagt, dass es auf das, was wir tun, ankommt. Und dass es jetzt, jetzt gleich geschehen muss.

Über eineinhalb Jahrhunderte hinweg bezeichnete »links« eine Art nicht therapierbare Hoffnung, einen durch und durch dogmatischen Glutkern, resistent gegen alle Enttäuschungen. Würde man jedoch heute einen Gymnasiasten aus beispielsweise Oberhausen fragen, was »links« ist, so würde er zweifellos sofort an seinen Deutsch- oder Geschichtslehrer denken: an einen noch jugendlich wirkenden Mann in seinen frühen Vierzigern, der am Wochenende in einer Punkband Musik oder in einer Alternativliga Fußball spielt, aber nichtsdestotrotz bereits den resignierten Ausdruck eines Rentners im Gesicht trägt. Denn der heutige Linke ist ein Mensch, der all das, woran die große Mehrheit Spaß hat, blöd findet und dafür seine guten Gründe hat. Er besitzt die Fähigkeit, das im aristotelischen Sinn »allgemein als gut Anerkannte« als böse, schlecht, schädlich zu brandmarken und auf eine verbohrte Weise gegen den Strom zu schwimmen.

Links: Das ist heute ein Typ, für den die Dinge irgendwie gelaufen sind und der sich deshalb wünscht, dass sie wenigstens nicht noch schlimmer werden.

Ist es beispielsweise das erklärte Ziel seiner Schüler, in möglichst kurzer Zeit möglichst viel Geld zu verdienen, möglichst oft und je nach Charakter möglichst brutalen oder möglichst romantischen Sex zu haben und in möglichst exotischen Ländern möglichst viele Partys zu feiern, so führt ihnen der linke Geschichtslehrer vor Augen, dass dies alles ziemlich unreif und vor allem wenig nachhaltig sei. Denn Exzess, so doziert unser linker Lehrer seinen Schülern, ist *böse*. Exzessiv sind Manager, Erdölfirmen und amerikanische Geheimdienste, dieses teuflische Ratpack des linken Lehrerzimmers. Und in einer seltsamen Beweisführung der Art »Sportwagen = Penisersatz« oder »Facebook = Totalüberwachung«, in der die Insignien des lockeren Abhängens kurioserweise als Symbole von gesellschaftlicher Impotenz oder gar Gewalt wieder auftauchen, versucht unser Lehrer (dessen Schüler derweil auf ihren iPhones islamistische Terroristen erschießen oder amerikanische Proletarier beim Gangbang bewundern), in eine wahlweise mit deutschem Diskurspop oder amerikanischem Postfolk untermalte protestantische Hermeneutik des Verzichts und der Sublimierung einzuführen.

Versteigen sich seine Schüler trotzdem in holistische Sphären, verlassen sie die anale Phase des Instant-Konsums und performen sich als Neonazis, Jesus-Freaks oder Gangsta-Rapper, so holt unser Geschichtslehrer schwereres Geschütz hervor: die Dekonstruktion, den *Hexenhammer* der pseudosoziologischen Intelligenz. Diese harmlose gesellschaftskritische Richtung, ursprünglich eingeführt, um in akademischen Seminaren ein wenig auf den Putz zu hauen, wirkt nach dem Ricolaprinzip (»Wer hats erfunden?«) und löst selbst die tollste Metaerzählung, den ausgetüfteltsten Verblendungszusammenhang in wenigen Sekunden zu einer Art Hintertreppenverschwörung mächtiger, selbstsüchtiger Fettsäcke auf. Deutschland? Im 19. Jahrhundert erfunden von ein paar fiesen Imperialisten. Die Religion? Neokonservatives Gequassel, ausgedacht im Mittelalter von ein paar pädophilen Mönchen und bis heute aufrechterhalten von amerikanischen Waffennarren (hier ergibt sich die Möglichkeit, fließend in den Antiamerikanismus überzugehen). Der Gangsta-Rapper? Ein chauvinistischer Trottel, völlig dem Bling-Bling-Kapitalismus verfallen.

Irgendwie schafft es unser linker Geschichtslehrer also immer, seinen Schülern das Gefühl zu geben, dass sie falschliegen. Das Problem dabei ist nicht, dass er nicht recht hätte: Wie sollten die Wunschprojektionen eines Systems globaler, völlig irrationaler und zweifellos dem ökologischen Untergang geweihter Ausbeutung etwas anderes sein als die Vorboten der Apokalypse? Wie könnten die Kinder dieses Systems andere Träume haben als solche, in denen sie als desinteressierte Folterer oder masochistische Sexobjekte auftreten? Als Helden jener »rücksichtslosen Ästhetisierung«, in denen Alexandre Kojève in seiner berühmten Hegel-Exegese die Geschöpfe der Posthistoire ihrer »animalischen Begierde« frönen sieht? Nein, das Problem unseres linken Oberlehrers ist nicht, dass seine Analyse der gegenwärtigen Situation nicht zutreffend wäre. Sein Problem ist, dass er keinen besseren Vorschlag, keinen stärkeren, keinen intensiveren Glauben, keine Alternative anzubieten hat.

»Es ist einfacher, sich das Ende der Welt vorzustellen als das Ende des Kapitalismus.« Dieser üblicherweise Fredric Jameson zugeschriebene Satz bringt die wahrhaft *spirituelle* Herausforderung auf den Punkt, vor die eine linke Intelligenz heute gestellt ist. Es geht, simpel ausgedrückt, um mehr als ein Weltbild: Es geht um jenen archimedischen Punkt, von dem aus ein Weltbild überhaupt der Welt als solcher gegenübergestellt werden könnte. Aber als wäre es nicht seine historische Pflicht, den Kapitalismus kraft seiner eigenen Widersprüche zu zerstören, sondern ihn in eine Art geriatrisches Zeitalter zu überführen, ihn gewissermaßen *vor sich selbst* zu beschützen, spielt sich unser linker Oberlehrer als Hobby-Nietzscheaner auf, der Ideologeme und Schein-Wahrheiten dekonstruiert, an die ohnehin niemand mehr glaubt. Denn der postmoderne Kapitalismus – und hier irrt Heidegger in seinem berühmten Weltbild-Aufsatz – braucht gar kein Weltbild. Es reicht ihm, *zu sein*.

Die wahre Tragik der postmodernen linken Intelligenz ist deshalb genau dies: Sie ist zum pseudo-engagierten Hintergrundrauschen in einer Welt geworden, die sich die aufklärerische Logik des Kampfs um Anerkennung nur noch als symbolische Romanze (die Bildungsbürger-Variante) oder als natürliche Einstellung (das Volkswagen-Modell) vorstellen kann. Die Schüler, die ein Deutschlandfähnchen an Papas BMW hängen, haben keineswegs die Absicht, die Ostgebiete zurückzufordern, in Elsass-Lothringen einzufallen oder ihre Heimat aus der Knechtschaft des Euro zu lösen. Sie empfinden nicht einmal besonders viel Sympathie für Deutschland als politisches Gebilde (das sie sowieso bei der ersten sich bietenden Gelegenheit verlassen werden). Kurzum, es liegt kein

»nichtendes« Verhalten im hegelianischen Sinn, keine »Aktion« im emphatischen Sinn, keine mickrige private »Geworfenheit« oder immerhin das gute alte romantische »Leiden« an Deutschland vor, das einen nachts wachliegen und sonstige Dummheiten machen lässt. Diese Schüler sind *zufällig* Deutsche, so wie sie blonde oder schwarze Haare haben. Es fühlt sich eben gut an, bei einem Fußballspiel Papas BMW mit einem Fähnchen zu schmücken – so wie es sich gut anfühlt, mit seinen Haaren *irgendwas* zu machen (am besten das, was die anderen auch machen). Die Idee, dass Flaggezeigen Teil eines Diskurses sein könnte, ja einer Auflehnung – z. B. gegen die Frankfurter-Schule-Verbohrtheiten ihres linken Geschichtslehrers –, kommt ihnen gar nicht.

Doch um die ideologische Ökonomie, die pädagogischen Kraftströme zwischen unserem Geschichtslehrer und seinen Schülern wirklich zu verstehen, muss man sich zusätzlich Folgendes vor Augen führen: Eigentlich wissen diese Jungen und Mädchen, dass es mit Deutschlands Vergangenheit so seine Bewandtnis hat und dass die Deutschlandfahne deshalb als Spaß-Accessoire unbrauchbar ist. Sie wissen es genauso, wie sie eigentlich wissen, dass ihre Saufurlaube auf karibischen Inseln und ihre Manager-Vielfliegerträume direkt in die ökologische Katastrophe führen. Sie fühlen sich nicht deshalb gut, *weil* sie es wissen (das wäre Old School: das masochistische Auskosten der Katastrophe, ein »denkendes Tier« zu sein), sondern *obwohl* sie es wissen. Wer, bitte schön, findet heutzutage die beiden Weltkriege, wer findet den Holocaust schon noch toll? Sogar die Neonazis sind neuerdings Zionisten, sogar Putin hört Protestrock, sogar McDonald's verarbeitet lokale Zutaten. Genau hier liegt der Witz der Situation: Denn das Wissen, dass sie am Ende der Welt arbeiten, muss unsere Schüler nicht beunruhigen, da die ganzen Side-Effects, die ökologischen und historischen Konsequenzen ihres Tuns ja von ihrem Geschichtslehrer verwaltet werden.

Die linke Intelligenz (wie übrigens der liberaldemokratische Staat insgesamt) gleicht einer völlig impotenten Vaterfigur, die so tut, als würde sie den totalen Genuss ihrer Kinder einschränken. Tatsächlich sorgt sie mit ihren homöopathischen Kritik-Injektionen, Live-Aid-Hysterien, humanitären Interventionen und Rettungsschirmen nur dafür, dass sich niemand schlecht, ja nicht einmal zuständig fühlt auf der rasenden Talfahrt in die finale Katastrophe. Der Spaß wird privatisiert, die Kollateralschäden werden in ein je nach Showeffekt spektakuläres oder unsichtbares Außerhalb transferiert, »wo man sich schon um sie kümmert«. Die linken Kritiker gleichen damit jenen während der Kreuzzüge im Tross mitgeführten Priestern, die den Rittern die Absolution gaben, wenn sie mal wieder irgendeine Stadt massakriert und niedergebrannt hatten – oder, im Fall von Bewegungen wie Occupy, jenen »Narren Gottes«, deren Forderungen an die »Mächtigen« derart hysterisch und kindisch sind, dass sie selbst nicht ernsthaft mit ihrer Erfüllung rechnen. Wie könnte man diese völlig zahnlose Linke nicht verachten? Wie sollte man den Spott meines russischen Staatsanwalts nicht verstehen?

Doch das war nicht immer so. Über ein Jahrhundert lang, seit dem klassischen Anarchismus, bedeutete links, gerade *nicht* zu Diensten zu sein. Es bedeutete, den revolutionären Moment nicht immer weiter aufzuschieben, sondern so zu tun, als wäre die utopische Zukunft zum

Greifen nah. Links hieß, auch noch in meiner Kindheit, einer durchaus unversöhnlichen, terroristischen Ideologie der Intensität zu folgen und noch die leisesten egalitären Glücksversprechen in den absurdesten Ländern (Iran, Nicaragua und so fort) als Beweis herbeizuziehen, dass alles anders werden würde. Kurz: Die Linke war das mit allen möglichen ideologischen Drogen vollgedröhnte Groupie des Weltgeists, und es ging nicht um Realpolitik, sondern um exaltierte Analyse und diskursiven Exzess als Lebensform. Wenn konservative Kritiker immer wieder anführten, der Kommunismus tue doch nur so wissenschaftlich und sei in Wahrheit eine völlig abgedrehte Religion, die in der Realität niemals funktionieren würde (siehe Sowjetunion) – so wurde pro forma widersprochen, aber insgeheim war völlig klar, dass diese Kritiker den Nagel auf den Kopf getroffen hatten. Was hatte der real existierende Sozialismus neben seinem würdelosen Protzgehabe (Raumflüge, Panzerarmeen, Staudämme, Gesamtausgaben) und seiner etwas sympathischeren kubanischen Freizeitvariante (Zigarren, verlotterte Cadillacs und sogar in der direkten Konfrontation mit dem Kapitalismus heiße Volleyball-Teams) schon zu bieten? Kündeten nicht alle Berichte aus der Sowjetunion von Massenarmut, Alkoholismus, Umweltzerstörung und mittelalterlich anmutender Korruption? Waren Lenin, Stalin, Mao und Pol Pot nicht ganz gewöhnliche Massenmörder? Hatte nicht sogar Che Guevara, als er die gefangenen Offiziere von Batistas Armee eigenhändig erschoss, »kalt gegrinst«, wie der *Spiegel* berichtete?

Aber was machte das schon aus: Links sein hieß ja gerade, von der Wirklichkeit mehr zu verlangen, als einfach nur nett zu sein und zu funktionieren. Es hieß, nicht nett, nicht realistisch, nicht verständlich zu sein – und wenn es nicht klappte (es klappte bekanntlich nie so richtig): »umso schlimmer für die Tatsachen«, wie Hegel zu sagen pflegte. Das entsprechende Land war einfach noch nicht weit genug, oder, was insbesondere in Bezug auf den Sowjetkommunismus oder das chinesische Experiment eine übliche Argumentationsweise war: Es handelte sich gar nicht um Kommunismus, sondern um eine ideologisch getarnte Version von Staatskapitalismus. Denn wer sich damals als links bezeichnete, in jener kaum mehr erinnerbaren Vorgeschichte, als über meinem Bett ein Lenin-Porträt hing und Gorbatschow den Sozialismus (wieder einmal) vermenschlichen wollte, war schon längst nicht mehr therapierbar. Der hatte in seiner innersten Hirn- oder Herzwindung jene berühmte pascalsche Wette auf die Zukunft abgeschlossen, die jegliche instrumentelle Vernunft kleingeistig und, im Hinblick auf jene goldene Stadt, in die man ja am Ende der Geschichte einmarschieren wollte, schlicht *ineffektiv* erscheinen ließ.

Denn tatsächlich: Wer den ganz großen Jackpot knacken will, sollte sich nicht mit kleinlichen pragmatischen Einwänden, sondern mit der Wahrscheinlichkeitsrechnung beschäftigen. Diese scheinbar postfordistische Zockerideologie, dieses quasi-religiöse All-in war von Lenin 1917 der im Grabenkrieg erstarrten Weltpolitik injiziert worden, als er gerade mal zwei Monate nach der erfolgreichen bürgerlichen Revolution in Russland die proletarische forderte. Lenins napoleonische Strategie (alle Kräfte auf die schwächste, am wenigsten entwickelte Stelle der gegnerischen Front zu konzentrieren: Russland) schien, gemessen am allgemein anerkannten marxistischen Revisionismus (gemäß dem die »reifste Frucht«, Deutschland, der Weltrevolution von alleine in den Schoß fallen würde), derart grotesk, dass sich die *Prawda* gezwungen sah, sich von Lenins irren, unfassbarerweise an Hegels radikalidealistischer Logik orientierten *Aprilthesen* zu distanzieren. Die Chancen Russlands auf den Titel »Avantgarde der Menschheit« standen 1917 etwa so gut wie die aktuellen Aussichten des Landes auf den ersten Platz im Antikorruptionsindex. Lenins Frau sorgte sich um seine geistige Gesundheit, die übrigen Genossen zogen es vor, die Sache mit der Diktatur des Proletariats nicht weiter zu erwähnen – abgesehen von Trotzki, der einige unsensible Scherze auf Kosten Lenins machte (an die sich später Stalin erinnern sollte). Und ein paar Monate später fand die Oktoberrevolution statt.

Kein Wunder, dass die kommunistische Linke bis zu ihrem endgültigen realpolitischen Untergang in den kühlen Herbsttagen des Jahres 1989 von Lenins Beispiel des harten, zugleich unerbittlich und listig (Machiavelli würde sagen: füchsisch) ausgeführten Schlags besessen blieb. Kein Wunder, dass jeder sich wie auch immer links Begreifende, wie beschränkt seine intellektuellen Voraussetzungen auch sein mochten, von da an von der prophetischen Kraft der exzentrischen Analyse überzeugt war. Denn waren es nicht die in *Was tun?* vorbereiteten *Aprilthesen*, die diesen Schlag erst als Möglichkeit, als Ereignis zur Erscheinung gebracht hatten? Gab es nicht gar eine idealistische Variante von Marx, die die schwerfällige Kybernetik des historischen Materialismus von den Füßen wieder auf den Kopf stellen und zum Spielball der *theoria* und ihrer euphorischen Wahrheiten machen würde? Wie auch immer: Der metaphysische Verdacht, dass im

Schachautomaten der blinden Materie und ihrer Metasysteme jener voluntaristische Zwerg säße, der (wie Mao) mit einem kuriosen Gedicht oder (wie Lenin) mit einem wahnwitzigen logischen Schluss die Welt noch einmal von neu würde beginnen lassen, geisterte von 1917 bis 1989 selbst durch den dogmatischsten linken Diskurs.

Zuerst erschien deshalb der Untergang des real existierenden Sozialismus den meisten Linken als taktischer Vorteil: Man konnte aufhören, die »Internationale« zu singen, man konnte endlich den ganzen Quatsch mit der Arbeiterklasse seinlassen, man musste sich nicht mehr für diese peinlichen alten Militaristen aus dem Osten entschuldigen. Erneut – und diesmal noch kürzer als 1968 – brach der Frühling der Idealisten an: Alle auf die Straße, die Dichter an die Macht! Einige fantasierten sogar von einem »Dritten Weg«, der sich in tausend pluralistischen Windungen zwischen den Panzerstraßen des sozialistischen und des kapitalistischen Realismus entlangschlängeln würde. Doch all dies verkannte die blinde (sollen wir sagen: inhumane?) Ökonomie des marktförmigen Imaginären, das gefallenen Ideologien eine zweite Chance nur in der Form dessen gewährt, was Diedrich Diederichsen »Second Order Hipness« genannt hat: verzeitlicht, ironisiert, vom eigenen Schon-mal-da-gewesensein in die Zwischenwelt der abgehalfterten Stars und Sternchen versetzt. Links sein hieß nun: Nicht mehr ganz woandershin zu können, bloß noch irgendwie anders zu sein. Im besten Fall eine Attraktion für späte Sendezeiten (Gorbatschow), im schlechtesten Fall der Verwalter des eigenen Mythos (Castro). Oder mit den Worten von Karl Marx: Die Linke hatte ihre tragische Rolle ausgespielt, nun begann das Zeitalter der Farce.

Im Nachhinein, so erzählen es einem die alten Leute, ist es immer »komisch, wie schnell alles gegangen ist«. Ich erinnere mich noch gut an meine erste Reise in den ehemaligen Ostblock, nach Ostberlin. Es war im Herbst 1990, damals war ich 13 Jahre alt: Beim Brandenburger Tor kaufte ich mir für 20 Mark einen Leninorden, ein Militärhemd und eine Offiziersmütze der Roten Armee. Auf der Halloweenparty, die mein Gymnasium ein paar Monate später unter dem sinnigen Titel *Tempi Passati* veranstaltete, konnte ich (wenn auch mit Schweizer Armeestiefeln) als Politkommissar punkten. Ich trug, darauf war ich besonders stolz, eine langläufige Pistole an meinem Gürtel, gesichert mit einer Metallkette. Es war jenes »revolutionäre« Modell, das Goebbels absolut hinreißend fand und den Nazi-Dichter Hanns Johst zu dem Spruch verführt hatte: »Wenn ich Kultur höre, entsichere ich meine Browning.« Obwohl man sich nicht selbst loben soll: Mein Style war perfekt. Doch die Stimmen, die das alles noch wenige Monate zuvor als geschmacklos gebrandmarkt hätten, die noch vor ein paar Jahren den Untergang der Menschheit im atomaren Holocaust (so sagte man damals) ihrer Sowjetisierung vorgezogen hätten, waren schlagartig verstummt. Es war vorbei. Die Rote Armee taugte nicht einmal mehr in einer Schweizer Kleinstadt als Stein des Anstoßes, und der *Bolshevik Chic* hatte sein muffiges Plätzchen zwischen all den anderen Halloweenkostümen ge-funden. Fast über Nacht war die Linke zu einem Statisten geworden in einer jener Komödien, in denen aus irgendwelchen Gründen eine Leiche versteckt werden muss, aber dummerweise findet gerade eine große Party statt. Der *cadavre exquis* war in diesem Fall die kommunistische Utopie, war Lenin, war der Geist der Revolution selbst.

Jedes Mal, wenn seither einer der Gäste den Schrank öffnen will, in dem die Leiche liegt, muss sich der linke Intellektuelle eine Geschichte einfallen lassen: Der ominöse Gast sei gerade nicht da, verhindert, auf Reisen, werde woanders dringender gebraucht. Überhaupt: Wir sollten jetzt nicht Dinge fordern, die sich dann nicht umsetzen lassen! Wir sollten nicht über die Köpfe der Betroffenen hinweg entscheiden! Wir sollten zuerst die Lage analysieren! Je länger die Party dauert, desto seltener wendet sich jemand an diese linken Türsteher, die mit ihren Ausflüchten sowieso nur noch allen auf die Nerven gehen, bis niemand mehr nach dem *großen Abwesenden* fragt. Ja, es scheint sogar kindisch und unterkomplex, überhaupt noch von ihm anzufangen. Denn der Typ, Lenin, heißt es, sei ein totalitärer Choleriker gewesen, genau betrachtet, ziemlich Hitler-mäßig, auf dem Gender-Auge sowieso blind. Flexible Organisationsstrukturen? Interkulturelle Kompetenz? Fehlanzeige! Kurzum: ein abgehobener Technokrat mit wenig Kontakt zur Basis. Ein repressives Macho-Arschloch, das sich nur aufgrund primitivster symbolischer und physischer Gewalt an der Macht halten konnte.

So geht das nun bald 25 Jahre lang. Die linken Intellektuellen stehen unterdessen längst nicht mehr hinten bei ihrem Mausoleumsschrank, sondern vorne an der Bar. Man regt sich nun übers Rauchverbot auf und erzählt sich Geschichten, bei denen es fies zugegangen sei, weil (einige erinnern sich noch an diese lustige althussersche Terminologie) das Kapital die nackte Gewalt der repressiven Staatsapparate eingesetzt habe: in Seattle, in Davos, in Genua, auf Lampedusa, in Guantánamo, wer weiß schon, wo überall, es sind ja so viele Orte mittlerweile. Und schließlich wird sogar diese minimale Erinnerungsarbeit zu viel. Die linken Intellektuellen beschränken sich nun darauf, die Party einfach irgendwie am Laufen zu halten, wobei sie besonders darauf achten, dass an der Bar keine schmutzigen Prolo-Witze erzählt werden, jeder barrierefrei bedient wird und mindestens ein lokales Bio-Bier und ein hipper Cola-Ersatz im Angebot sind.

Klar, ab und zu packt sie die Verbitterung, und sie wettern über Managerlöhne, Drohnenangriffe, Studiengebühren, Massenentlassungen und die herumgrölenden Populisten – der übliche akzidentelle Moralismus jener, die sich entschlossen haben, die Dinge auf sich beruhen zu lassen, aber doch ab und zu »unmissverständlich« darauf hinweisen wollen, dass es scheiße läuft. Diese ehemaligen dogmatischen Wortführer sind nun Popkritiker und Kultursoziologen, die andauernd neue minoritäre Musikrichtungen entdecken (die dann wieder vereinnahmt werden) oder Vorortschlägereien in kniffligen diskursiven Verfahren zu Protestbewegungen erheben und ihr »Befreiungspotenzial« untereinander vergleichen. In den langen, verständlicherweise leicht depressiv gestimmten Pausen dazwischen lamentieren sie über das Verschwinden des öffentlichen Raums und der politischen Fantasie – die zwar nicht verschwunden sind (den Gefallen macht ihnen der Weltgeist nicht), sondern von den Populisten okkupiert wurden. Aber wen kümmerts schon, man kann das Gelaber dieser leicht angegrauten *Gauchistes* bei dem ohrenbetäubenden Gangsta-Rap und den immer wieder neu aufgekochten Techno-Hymnen ohnehin nicht verstehen, und die Soziologie ist auch ein eher unerfreuliches Geschäft geworden.

Denn aufgrund einer boshaften Ironie der Geschichte ist die einzig verbliebene Garantie für ein Minimum anVerteilungsgerechtigkeit, also »Kommunismus«, das, was der Kommunismus immer vernichten wollte: der kapitalistische Verfassungsstaat und seine parlamentarische Lobby-Demokratie. Fehlt eigentlich nur, dass sich unsere linken Partylöwen kleine Pagenmützen aufsetzen. Alles, was sie noch zu bieten haben, ist – um Baudrillards berühmte Beschreibung der kommunistischen Partei Frankreichs zu zitieren – »keine Prophezeiung, kein Abenteuer, sondern eine Domestikenmoral: Rettet den Staat, rettet die Institutionen, rettet den Apparat«.

Ach ja: Die Leiche des ominösen Gasts, den einige Verrückte einbalsamiert hatten, ist derweil aufgefunden und verbrannt worden. Alles andere wäre unhygienisch. Und im Übrigen, so hört man es an der Bar: Wir brauchen keine Helden mehr.

2.

Vom Kampfanzug zum Partyoutfit, vom apodiktischen Bolschewik zum nörgelnden Oberlehrer, vom hegelianischen Staatsstreich zur pluralistischen Konsumkritik, kurz: vom *Was tun?* zum *Was lieber nicht kaufen?* – diese erstaunliche Karriere des revolutionären Bewusstseins war für die wenigsten westlichen Linken eine Tragödie, für die meisten war es eine Befreiung. Die Wende selbst war die realpolitische Erfüllung eines untergründig und lebenspraktisch sowieso längst abgeschlossenen Wandels. Diese Entwicklung, üblicherweise »Verspießerung« genannt, war deshalb auch mit bloß oberflächlichen Korrekturen erledigt: Die Sozialdemokratischen Parteien strichen einfach den Passus von der »Überwindung des Kapitalismus« aus ihrem Programm, die kommunistischen Splitterparteien mit den abenteuerlichen Kürzeln zerstreuten sich. Die im Zuge des nun einsetzenden Privatisierungsschubs entlassenen Arbeiterheere bekamen ein kleines Taschengeld, wurden – wie im 19. Jahrhundert die »gefallenen Mädchen« und Clochards – aus den Stadtzentren entfernt und fanden in aufwendig restaurierten ehemaligen Industriestädten als Flaneure Verwendung. Die Fabriken wurden zu Theatern und Museen umgewandelt. Wer das Bedürfnis verspürte, den Kapitalismus trotz seines Endsiegs weiterhin zu kritisieren, konnte hier als Dramaturg oder Kuratorin arbeiten (vorausgesetzt natürlich, er oder sie war nicht als Mitglied einer *tatsächlich* kapitalismuskritischen Vereinigung auffällig geworden). So war der Untergang des real existierenden Sozialismus letztlich nur für diejenigen eine existenzielle Katastrophe, die nicht nur imaginär, sondern tatsächlich in der Firma mit dem Namen »Real existierender Sozialismus« gearbeitet hatten: Bürokraten wie Honecker oder Ceauçescu und ihre subalternen Klone wie mein späterer Berliner Fahrlehrer (der die Rudermannschaft der DDR politisch auf Linie gehalten hatte und so hübsche Wörter wie »Manchester-Kapitalismus« im Vokabular führte).

Alle anderen beeilten sich, das kommunistische Menschheitspathos in ihre jeweiligen Lebenswelten zu übersetzen, seine großspurigen Forderungen in die von ihnen bewohnten Diskurs- und Erfahrungszugänge der Erlebnis- und Labermaschine »Kapitalismus« zu integrieren. Allgemeingültige Wahrheiten und Parolen störten nur: Eine beamtete Akademikerin mit Kinderwunsch und ein homosexueller selbstständiger Elektrotechniker machten völlig unterschiedliche Erfahrungen mit dem sogenannten Scheißsystem und hatten deshalb komplett andere Ansprüche an das, was der Menschheit blühen sollte im marxschen »Reich der Freiheit«. Freiheit hieß – und eine andere Definition des Begriffs schien nach all der metaphysischen Bevormundung wenig Sinn zu ergeben – dass *jeder tun konnte, was er wollte,* und dass nur die Bedingungen dafür geschaffen werden mussten: Der Akademikerin sollten Krippenplätze zur Verfügung stehen (damit sie karrieremäßig nicht von ihren Kollegen überholt wurde), der Elektrotechniker sollte seinen Freund heiraten können (damit er endlich vom Maximalsteuersatzbefreit wurde). Diese klassisch kapitalistische, von emotionalen Metaerzählungen überwölbte Lobbyarbeit war planwirtschaftlich nicht zu leisten, sie war, nun ja, zu kleinteilig, zu abhängig von den Intensitäten des jeweiligen beruflichen oder biografischen Moments, denn vielleicht wollte ja die Akademikerin morgen kein Kind mehr, vielleicht eröffnete sie übermorgen ein Übersetzerbüro. Der Kommunismus war, wie es die Soziologen nicht müde werden zu betonen, am Postfordismus und den Ansprüchen des proteischen, aus allen traditionellen Bindungen entlassenen und sich immer neu erfindenden Individuums zerbrochen.

Doch interessanter als die zur Genüge beschriebenen mikrosozialen Vorgänge war der Effekt auf das kulturell Unbewusste, den dieser klassisch postmoderne Authentifizierungsprozess, dieses peergroupmäßige Verdauen des kommunistischen Leichnams hatte. Die Bricolage-Logik des »Jeder nimmt sich, was er brauchen kann« widersprach der universalistischen d'Artagnan-Philosophie des kommunistischen »positiven Helden« (»Alle für einen, einer für alle«) fundamental. Die ursprüngliche marxistische Überwindung der »bestehenden Verhältnisse« hatte darauf basiert, dass ein transindividuelles Projekt an die Stelle der in den »eiskalten Wassern« des kapitalistischen Profitinteresses ersäuften Traditionen und zwischenmenschlichen Beziehungen treten sollte. Die etwas pathetisch anmutenden Alternativen Kommunismus oder Barbarei waren völlig konkret gemeint: entweder ein Restbestand an geschichtsphilosophischer Hoffnung (so imaginär sie auch sein mochte) oder entfremdete Lohnarbeit bis in alle Ewigkeit, unterbrochen von Weltkriegen und blutig niedergeschlagenen Hungerrevolten.

Die Situation, zu der sich unsere Akademikerin und der homosexuelle Elektrotechniker 150 Jahre später verhalten mussten, war zweifellos *smoother*, aber nicht weniger unerfreulich. Nation, Religion, Familie, Geschlecht, Tradition: Diese zuerst vom klassischen Fordismus eher nebenbei und im Sinne eines Kollateralschadens, dann von seiner postmodern-pluralistischen Variante hingebungsvoll dekonstruierten Universalien kehrten 1989 als populistische Zombies wieder: notdürftig und völlig ahistorisch zusammengeflickt, aber trotzdem voll funktionstüchtig, aggressiv und vor allem ohne jedes auch nur im Ansatz utopische Programm.

Die feministischen und dekonstruktivistischen Theoretiker waren verstimmt, und die demokratischen Machttechniker dachten, die Sache wie einst den Faschismus mit einigen Bombenteppichen (diesmal über Belgrad) lösen zu können. Doch dann zeigte sich – »bedauerlicherweise«, wie sogar der Rechtsterrorist Anders B. Breivik in seiner Verteidigungsrede 20 Jahre später anmerkte – dass sich das Ganze nicht als ein auf den Balkan beschränktes Neben-Geschmäckle der Wende abtun ließ. Die Vorstellung, dass nur ein paar gestörte Rostocker Jugendliche und einige serbische Imperialistentatsächlich so »böse« wären, dass sie irgendwelche vor Jahrhunderten verbrieften Rechte einfordern würden, verkannte die zwar unerfreuliche, auf ihre Weise aber durchaus kulturbildende Kraft der Regression. Der Populismus erwies sich in den folgenden Jahrzehnten als permanente Immunschwäche der westlichen Demokratien, die, wie bei Immunschwächen ja meist der Fall, durch die große metaphysische

Anspannung der »Systemkonkurrenz« bloß latent gehalten worden war. Ja: Er erwies sich sogar als mehrheitsfähig.

Die Reaktion der aufgeklärten Intelligenz bestand nun darin, die individualistischen Anstrengungen einfach noch weiter zu erhöhen – anstatt, was ja immerhin eine Alternative gewesen wäre, einen besseren, einen anderen, einen *neueren* Universalismus als jenen der Populisten zu entwickeln. Hatte die zugegeben etwas naive Vorstellungswelt des sogenannten *Multikulturalismus*, wie man ihm in den Siebziger- und Achtzigerjahren gefrönt hatte, immerhin noch zu bacchantischen Straßenfesten und der Gründung zahlloser »Bewegungen« und »Gegenöffentlichkeiten« Anlass gegeben, brachte die 1989 einsetzende, zweite Welle der Individualisierung bloß noch einen leer drehenden Erfahrungs- und Maximierungsfetischismus mit sich. Transindividualität hieß nun, dass alles ausgehandelt und für jeden Beteiligten okay sein musste, damit die in Arbeits-, Erziehungs- oder Sexbeziehungen verkoppelten Individuen maximal davon profitieren konnten. »Profite!«, sagte mir meine Pariser Freundin, als ich 1997 zu meiner ersten Chiapasreise aufbrach, um über die zapatistische Revolte zu berichten (die gerade dabei war, am eigenen pluralistischen Anspruch zu verzweifeln).

Was allein noch zählte, war das kulturell und biologisch konditionierte Ego, das nicht mehr in einem traditionellen, utopischen oder auch nur ekstatischen Kraftfeld überwunden, das nicht mehr in Kleinfamilien, zwanghaften Diskurskollektiven oder Hippiekommunen, sondern in seiner Einsamkeit (man hätte damals wohl eher gesagt: Einzigartigkeit) zur Entfaltung gebracht und juristisch geschützt werden musste. Die Theorie der *Interkultur* war die logische, ultraliberale Schlussfolgerung. Nation, Religion, Familie, Geschlecht, Tradition – all das tauchte nur noch als maximal auszuschöpfendes Autonomieattribut auf, als *Unique Selling Point,* dem der Staat oder die Institutionen keine Barrieren in den Weg schieben dürften, ob nun symbolischer oder bürokratischer Art. Hatte der Multikulturalismus noch einem kleinbürgerlich exotischen Substanzialismus des anderen gehuldigt (der Dönerteller oder der Leberkäs waren irgendwie *tiefer*, irgendwie *echter* als das Big-Mac-Menü oder das Hammerfrühstück bei Kaiser's), musste also immerhin im Konsum noch Transzendenz und ein minimales antikapitalistisches Bewusstsein erreicht werden, war in der Theorie der Interkultur jeder Lebensentwurf streng nach Foucault gleich weit weg von der Wahrheit angesiedelt.

Das intensive, aber folgenlose Interesse, das der linke Vorwende-Geschichtslehrer dem radebrechenden Türkenkind entgegengebracht hatte, wurde durch die Angebot und Nachfrage aufeinander abstimmende Forderung ersetzt, dass ein Geschichtslehrer Türkisch zu sprechen habe – bzw. gemäß dem Prozentsatz türkischer Schüler jede dritte oder vierte Lehrstelle für Geschichte durch einen Türken oder eine Türkin besetzt werden und dass türkische Geschichte Teil des Lehrplans werden müsse. Dass dieser mit einigen sympathischen sozialdemokratischen *idées fixes* angereicherte Hardcore-Liberalismus, der anhand von Quotenregelungen Angebot und Nachfrage aufeinander abstimmte und, wie Marx es vorausgesagt hatte, allem anachronistischen Traditionalismus eine »eiskalte« Dusche verpasste, dass diese endgültige Umwandlung des platonischen Zwangsstaats zum väterlichen Dienstleister ohne alle rassistischen oder sexistischen Geheimverträge den Populisten nicht schmecken würde, war klar.

Genauso klar war, dass auch andersrum angeeignet und kulturalisiert werden würde: Das absolute No-Go des Multikulti, deutsch gesungener Pop oder gar deutscher Rap, wurde zuerst ein störrisch provinzieller (»Deutsche können das auch«), dann ein völlig natürlicher Bestandteil des interkulturellen Mainstreams. Hatte man, als die Fantastischen Vier aufkamen, gemutmaßt, der Spuk sei so schnell vorbei wie einst der Klassik-Rock (der, ähnlich den Vampirserien, die adlig-barocke mit der proletarischen Gesellschaft in einem gemeinsamen Universum des Kitschs verbrüdern wollte), erkannte man bald, dass die Englischsprachigkeit der Populärmusik auch nur eine jener bösen Barrieren gewesen war, die die postmoderne Vernunft abreißen musste. Dass die größten Hits der entsprechenden Bands Hymnen für den neu erwachten, posthistorischen deutschen Nationalstolz wurden, war nur logisch: Warum sollte gerade Deutschland ausgeschlossen bleiben im wert- und schuldfreien Konzert der Kulturen, wie der Interkulturalismus es forderte? Die Multikulturalisten hatten ihr Deutschsein in der Toskana oder beim Griechen an der Ecke überwunden, in einer etwas ungelenken Nachahmung einer als besser, lockerer empfundenen Lebensform. Die zweite postmoderne Generation tat dies, indem sie *sich selbst* (bzw. ihre Großeltern) nachahmte, und zwar so, als würden *ihnen selbst* (bzw. ihren wiederauferstandenen, durch keinen Faschismus gegangenen Großeltern mit ihren lustigen Vornamen, ihrem Holzspielzeug und ihrem guten Biobrot) diese Attribute des ahistorischen, halb animalisch und halb snobistisch genießenden, natürlich völlig imaginären Italieners, Korsen oder Kubaners zukommen. Man tat einfach so, als gäbe es nicht bloß ein zerknirscht sentimental schunkelndes Deutschsein, sondern auch ein südländisch fröhliches – das es ja, darf man Schubert und Heine glauben, auch vor all den Kaiserreichen, Weltkriegen, Menschheitsverbrechen, Wirtschaftswundern und Schlagerhöllen nicht gegeben hatte. Aber über diese geschmäcklerischen Feinheiten entscheidet der Markt, und der Markt gab sein *d'accord* zum Deutsch-Pop, zur »neuen« Volksmusik und der industriellen Zwangsernährung der Deutschen mit Croissants, Balsamico, Rucola, Latte Macchiato und den parallel dazu wiederentdeckten *authentischen* deutschen Produkten.

Doch wie dem auch sei: Der entscheidende Punkt bei dieser Überführung eines kollektiv-universalistischen in ein individuell-föderatives Befreiungsprojekt lag darin, dass die Kategorie des Universellen selbst verwandelt, oder wie man in Verschwörungs- und Spionageromanen sagt: *umgedreht* wurde. Die Vorstellung, dass es eine für alle gleichermaßen gültige Wahrheit, einen kollektiven Sinn hinter all den Irrwegen der Menschheit geben könnte (der in letzter Konsequenz sogar das Opfer des Einzelnen rechtfertigen würde), war man ja gerade erst losgeworden. Jedes Zugeständnis in diese Richtung schien nichts anderes als eine weitere Anmaßung jener populistischen und brachialmarxistischen Pseudophilosophen, die einem auf irgendwelche atavistischen kollektiven Praktiken festzurren wollten, auf die man dann auch noch stolz sein sollte. Die Verhackstückung der aggressiven, disziplinären und zudem schwer traumatisierten gesellschaftlichen Nachkriegsformation der Fünfzigerjahre, in der die geringste politische oder gar queere Abweichung streng sanktioniert worden war, hatten bekanntlich die Achtundsechziger mit ihrer zuerst eher spontaneistischen, dann aber schnell in klassisch kommunistischen Verfahrensformen kanalisierten Revolte erledigt. Die anfänglich kleinbürgerlichen Ziele der Achtundsechziger wurden spätestens zu Beginn der Siebzigerjahre in die aus Stalinismus und Maoismus bekannten internationalistischen Diskurse überführt, der revolutionäre Voluntarismus der Spontis wurde in K-Gruppen diszipliniert. Wer noch seine Zweifel hatte, dem wurden sie je nach Ausrichtung anhand einer Bulgarien-, China- oder Kubareise ausgetrieben. Die Zerstörung der »falschen« westlichen Autoritäten (die sich ohnehin nur noch aus alter Gewohnheit aufrecht gehalten hatten), der Ekel der Nachkriegsjahre vor den durch den Krieg kastrierten Vaterfiguren führte zur Hinwendung zur »wahren«, östlichen oder karibischen, Autorität – oder zum Terrorismus, doch dies ist eine andere Geschichte.

Nach einer etwa zehnjährigen Zwischenphase des *Anything goes* – in der mal das Banale, mal das zehnfach Gezwirbelte, mal das herumschreiende, schwitzende Regie-Ego, mal das sensibel debattierende Künstlerkollektiv, mal der Yuppie und mal der Punk King war – bestand die Kür der postmodernen Vernunft 1989 darin, das Gleiche wie die Achtundsechziger noch einmal zu tun, nur diesmal nicht *mit* dem Kommunismus, sondern *gegen* ihn. Eingesetzt werden musste also die Geheimwaffe der späten Postmoderne, die nicht nur aus den großkalibrigen Rohren der Frankfurter Schule feuerte (damit hatte man die Altnazis und Spießer der Fünfziger erledigt) und nicht nur auf das intensive Sperrfeuer des Poststrukturalismus setzte (in dem der Phallo-, Euro- und Logozentrismus niedergemäht worden waren). Es reichte nicht mehr, einfach »Faschist«, »Macho« oder »Spießer« zu zischen, das hieß schon längst gar nichts mehr. Gefragt war die stärkste aller verfügbaren theoretischen Vergeltungswaffen, unverwundbar wie ein amerikanischer Nachtjäger, der aus unerreichbaren theoretischen Höhen auch den letzten Ansatz von Utopie, auch den letzten essentialistischen Unterstand zermalmen konnte: die *Systemtheorie.*

Nach Hegels Idealismus und der stalinistischen Kybernetik war die Systemtheorie die dritte (und damit gemäß der Logik der Scherze und Märchen zugleich letzte) Theorie, die ihre Methodik absolut konsequent an einer bestehenden Gesellschaftsformation, ihren technischen und imaginären Standards festmachte und diese als letztmögliche, nur noch quantitativ zu steigernde Ausprägung von Funktionalität setzte. Was für Hegel das reformierte Preußen nach der Schlacht von Jena, was für Stalin die industrialisierte Sowjetunion im Ausgang des Großen Terrors, das war für Luhmann die in objektiven Begrifflichkeiten versteckte BRD, bzw. die westeuropäischen Wohlfahrtsstaaten im Allgemeinen (womit er bis auf Weiteres recht behalten sollte, aber das nur nebenbei). Die unbeugsamen geschichtsphilosophischen Gegenspieler der Moderne, der »Geist« und die »Materie«, wurden im »System« vereint, das dann logischerweise nur noch mit sich selbst kommunizieren musste. Es war zugleich Natur und Nicht-Natur, zugleich human-reflexiv und organisch blind, zugleich Form und Inhalt. Kurz: Es brachte all den aufklärerischen Dualismen etwa so viel dialektisches Interesse entgegen wie ein Cyborg den Selbstfindungsproblemen eines Prenzlauer Berger Künstlerkollektivs.

Das ganze Gequassel von Kulturindustrie und Biopolitik, von quasi-faschistischen und phallokratischen Metaerzählungen und dem darin umherirrenden menschlichen Bewusstsein, das sich durch immer neue Befreiungsperformances quälen musste, schmeckte auf einmal ungeheuer schal. Nach den kleinkrämerischen und zutiefst romantischen Spiegelfechtereien der Frankfurter Schule und des Poststrukturalismus (die sich unnötigerweise auch noch gegenseitig bekriegt hatten, wie es bei romantischen Sekten eben der Fall ist) war die Coolness des systemtheoretischen Diskurses einfach mitreißend. Ich habe die hypnotische Wirkung des luhmannschen Duktus bereits im autobiografischen Essay *Nachmittag eines Linksfaschisten* beschrieben, aber es drängen sich mir, denke ich an die Neunziger und den Einbruch der Systemtheorie in mein Leben zurück, immer neue Vergleiche auf: Es war wie Virtual-Drum betriebener New Wave im Vergleich zu nölenden Protestsongs, es war wie Tarantino im Vergleich zu Schlöndorff, es war wie das Computerspiel »Doom« im Vergleich zu den nervigen japanischen Brettspielen, die die Ethnologiestudenten damals so toll fanden. Was für kokette Herren waren diese Systemtheoretiker doch! Luhmann bezeichnete den Atomkrieg, würde er denn stattfinden, als »durchaus interessanten Einschnitt«. Dirk Baecker, wie Luhmann radikal technikgläubig, erklärte: »Wir werden die Roboter nur einen halben Tag lang interessieren – weil das menschliche Verhalten derart redundant ist.«

Es machte einfach Spaß, so zu denken, so zu formulieren. Und kam eine Feministin oder ein Kommunitarist des Weges (oder gar – man muss nun wirklich gleich loslachen – ein Benjamin-Jünger) und fuhren ihr ganzes alteuropäisches Tschingderassa auf, so war der Unterschied zu Ziegengeblöke oder (nachsichtiger formuliert) dem Gesang der Delfine kaum mehr auszumachen. Denn für die Systemtheoretiker war die Zukunft des Menschen nicht einfach *noch* humaner, *noch* pluralistischer. Es gab für sie nicht einfach *noch mehr* biografische und soziale Experimente, *noch mehr* Minderheiten und *noch mehr* Persönlichkeitsstörungen, kurz: *noch mehr* »gleichberechtigte« Diskurse, die man verständnisvoll durchzuwinken hatte bis zum Ende aller Tage. Nein, es war einfach mal Schluss mit dem Menschen und seinen Problemchen, es war mal Ruhe im Karton. Weil das Ende der Geschichte, zumindest für den Menschen, erreicht war und es nicht einfach »neue« oder »andere« oder gar »letzte« Menschen geben würde, sondern höchstens noch besser ausgerüstete, weniger labile Menschen, eben die Roboter und Klone.

Muss erwähnt werden, dass »Rassismus« und »Sexismus«, diese beiden besonders gemeinen Makel des humanoiden Modells, für die Systemtheoretiker überhaupt keine Rolle spielten – etwa so wenig wie die Prozessorprobleme des Nintendo 64 für das iPhone 5? Denn die Geschichte war eine IT-Firma ohne jeden diabolischen oder göttlichen Masterplan, eine Firma, die einfach immer weitermachte. Die alten Modelle verschwanden irgendwann aus den Regalen und landeten im Museum. Luhmanns Lieblingsszene aus Steven Spielbergs Œuvre sei, habe ich irgendwo mal gehört, jene gewesen, in der am Ende von »Jurassic Park« die Menschen in einem Dinosauriermuseum eingeschlossen sind, welches wiederum von Dinosaurierklonen verwüstet wird: Mit ihrem historischen (ein Fossil geworden zu sein) wie auch mit ihrem posthistorischen Schicksal (geklont zu werden) konfrontiert, kämpfen die Menschen um ihr Leben ... Die Systemtheorie war für all die metaphysischen Restzweifel der postmodernen Vernunft etwa das, was der Stalinismus für die utopischen Marxisten, Hegel für die nach dem kantischen Brainwashing übrig gebliebenen Sturm-und-Drang-Polterer und die Einführung der D-Mark für die DDR gewesen war: die finale Abwicklung.

Konkret bedeutete also die postmoderne Aneignung für den Kommunismus, was Machtkritik (oder eigentlich Repräsentationskritik, denn wer interessiert sich heute noch für Macht?) in der Postmoderne immer bedeutet hat: die Verwandlung eines politischen Symbolsystems in einen privaten Lebensstil, in eine Aneinanderreihung skurriler und völlig redundanter Idiosynkrasien, die Verwandlung von Politik in Postpolitik. Die westlichen Intellektuellen interessierten sich, sobald er durch die »Wende« endgültig desavouiert war, für den real existierenden Kommunismus etwa einen halben Tag lang, um Dirk Baeckers Worte zu verwenden. Die schlecht gekleideten, übel riechenden ostdeutschen Marxismus-Professoren, die irgendetwas von einem »Sozialismus mit humanem Antlitz« quasselten und doch tatsächlich (so schwante einem) eine ekelhafte Hochzeit zwischen dem abgetakelten DDR-Kommunismus und dem vor Energie zerspringenden westdeutschen Kapitalismus für möglich hielten, wurden schleunigst von ihren Lehrstühlen entfernt. Man sprach nun so über den Kommunismus, wie die Roboter über die Menschheit sprechen werden: nicht wie über ein zwar gewaltiges, tragischerweise aber gescheitertes Experiment, sondern eher wie über ein Automodell, das zwar schon irgendwie geile Gadgets hatte

(z. B. den ausfahrbaren Penis oder den schwierig zu handhabenden, in späteren Modellen dann abgeschafften Gottesbegriff), aber leider nie so richtig funktionierte. »Kommunismus« war nun gewissermaßen die empirische Beschreibung für eine besonders krasse Form von Dysfunktionalität, für »durchgeknallte Chef-Typen wie Honecker und Ceauçescu« (O-Ton meines Computerdoktors) – und eben allem, was mit ihnen zusammenhing: das arthritisch ungelenke Protzgehabe à la »Hund im Weltraum« und »Völkerfreundschaft«, die zittrig bei Kundgebungen hochschnellenden Fäuste, die altbackenen Holzhammerpamphlete und völlig senilen Parolen und vor allem diese rührselige, vorsintflutliche Altersheimkonsumwelt mit ihrer Quantität-statt-Qualität-Doktrin, dem Stahl-Fetischismus, den nach Sägemehl und Mottenpulver riechenden Ersatzstoffen und dem absurd schlechten Fernsehprogramm.

Einigen – sie nannten sich Neohumanisten oder *Nouveaux Philosophes* – ging diese mit Nostalgie und Satire (oder meist einfach Gleichgültigkeit) gepaarte Dekonstruktion des Kommunismus zu einem Konkurs gegangenen Tante-Emma-Laden zu locker von der Hand. Sie erinnerten daran, dass Stalin und Konsorten Hekatomben von Toten aufeinandergeschichtet hatten, dass diese Typen gemeinsam mit den Amerikanern den Nahen Osten, Afrika und Asien auf Jahrzehnte hinaus destabilisiert und einen Gutteil der Erde in Rekordzeit verstrahlt hatten. Zweifellos hatten sie recht, doch sie wiederholten damit nur das grundsätzliche Missverständnis des postmodernen Mainstream-Zynismus: den universalistischen Anspruch des Kommunismus *umzudrehen*, das Eigentliche am kommunistischen Experiment nicht in seinem rationalen Inhalt, sondern in seiner materiellen Form zu suchen und je nach Gesichtspunkt als skurril, redundant oder eben verbrecherisch zu begreifen.

3.

Was sie dabei aber vor allem verkannten – und hier kommen wir zum eigentlichen Kern der postmodernen Vernunft: dem, was ich *critique automatique* nennen will –, war der Sinn von Kritik im Allgemeinen und Ideologiekritik im Speziellen. Denn Kritik, philosophische Kritik, meint ja nicht den quasi-empirischen Beweis, dass etwas nicht funktioniert (oder nicht *gut* funktioniert, das heißt: nicht funktionieren *dürfte*). Kritik meint den permanenten verstandesmäßigen Umgang mit dem, was der Philosoph Edmund Burke das Erhabene genannt hat, das Unerträgliche, das Gewaltige, das die Vernunft zugleich Abstoßende und immer neu Anziehende, diese schreckliche, glanzvolle Autorität des Realen und des Imaginären, die keine symbolische Ökonomie jemals ganz auflösen kann: die Grausamkeit und die Liebesbedürftigkeit des Menschen, die Gewalt und die Schönheit des Kriegs, die Angst vor dem Tod und die Sehnsucht nach ihm. Wenn Kant Gott einen zentralen Platz in seiner Kritik der Verstandeskräfte zugesteht, wenn Heidegger die alltägliche Sorge um das Sein und Freud die Familie und ihre Finsternisse ins Zentrum ihrer zutiefst kritischen Philosophien setzen, dann nicht aus »restaurativen«, apolitischen Gründen, wie der Poststrukturalist vermutet, sondern um diese erhabenen (zeitlich gewendet, könnte man sagen: ewigen) Bereiche logischer Unzugänglichkeit zumindest versuchsweise zu erhellen. Um die eigene Begrifflichkeit *immer wieder*, quasi magnetisch auf diese Kraftpole hin auszurichten – ohne Hoffnung auf Klärung.

Dem setzt die Postmoderne einen historisierenden Kritikbegriff entgegen. Die kritische Geste kehrt als positive Methodik wieder, die einen einmal erreichten Kenntnisstand (die Menschen sind gierig und narzisstisch, ewigen Frieden wird es nie geben, der Sohn begehrt die Mutter, und Gott ist tot) gegen die anachronistischen Überzeugungen Einzelner – und der von ihnen unterdrückten Völker – nur festhalten muss, wie man einen objektiven Sachverhalt festhält. Und waren die Dinge einmal erkannt, konnten sie juristisch veredelt werden. Die komplette postmoderne Ratgeberliteratur funktioniert nach der Logik, Verhaltensweisen, die »gut« sind (etwa sich leidenschaftlich anzuschreien), von Praktiken zu unterscheiden, die »schlecht« und damit justiziabel sind (etwa sich zu schlagen, ohne das vorher *Shades-of-Grey*-mäßig vereinbart zu haben).

Man kennt diese Dialektik aus dem Geschichtsunterricht: Es gibt das böse, mittelalterliche, totalitäre Denken, das zu Unterdrückung und Massenmord führt. Und es gibt das gute, demokratische, rationale Denken, das uns frei und selbstbewusst macht. Dummerweise jedoch kennt der menschliche Verstand diese Unterscheidung nicht. Ganz im Gegenteil: Das erhabene Vermögen des »mittelalterlichen Denkens« setzt dieses von jenseits seines historischen Grabes immer wieder neu in Szene. Die postmoderne Kritik muss deshalb an ihm verzweifeln, und dies aus zwei Gründen.

Der erste Grund ist relativ simpel und rein empirisch: Das dekonstruierte Imaginäre, so lächerlich und desavouiert durch die »Tatsachen« es auch sein mag, klingelt nicht zur zwei Mal, sondern immer und immer wieder. 50 Jahre deutsche Öffentlichkeit bestanden bekanntlich darin, das eigene Nationalgefühl, das bereits zwei Mal weltkriegsmäßig angeklopft hatte, im Zeichen des »Nie wieder!« zu kritisieren und sich monomanisch auf eher ungefährliche deutsche Tätigkeiten wie Massentourismus, Popkritik und Autobau zu konzentrieren. Zu Beginn der Neunziger aber, als es drauf ankam und die Sache eigentlich geritzt schien, zeigte sich, dass trotz aller Holocaustseminare, der Zwangslektüre von Heinrich Manns *Untertan* und der Brandmarkung auch noch der unschuldigsten Anwandlung von Eigenlob als »Kryptofaschismus« das nationale Selbstwertgefühl der Deutschen kein bisschen Schaden genommen hatte, sondern völlig erfrischt aus dieser *talking cure* hervorgegangen war: Die Asylheime brannten schneller, als unser westdeutscher Geschichtslehrer seinem ostdeutschen Kollegen sein posthistorisch gesamtdeutsches »Hallo« zurufen konnte. Ein ähnliches Phänomen konnte ich in Russland beobachten: Chruschtschows Entstalinisierung, die gewaltigen erinnerungspolitischen Anstrengungen der Gorbatschow- und Jelzinzeit, die Fakten – nichts konnte verhindern, dass im heutigen Russland Stalin als genialischer Schlachtenlenker und Industriemanager bewundert wird. Und denken wir auch kurz an Frankreich, die Nation von Gainsbourgs *entre tes reins*, von Houellebecqs Blowjob- und Analsexekstasen, das Land der »freien Liebe« – wo heute Hunderttausende gegen die Schwulenehe auf die Straße gehen. Merke also, postmoderner Kritiker: Das

Verdrängte kehrt wieder, und zwar nicht schuldbewusst und zerknirscht, sondern in strahlender Rüstung und siegreich.

Zum anderen, und hier geht es um den blinden Fleck der postmodernen *critique automatique* selbst, ist Ideologiekritik nicht einfach die Zerstörung von bösen Metaerzählungen durch die guten, befreienden Tatsachen, das bessere Argument oder einen diskursiven Deal unter Erwachsenen, wie sich das Popper, Habermas und Rorty vorgestellt haben. Ideologiekritik selbst ist repressiv. Wer Kinder hat, weiß das: Man beendet das hartnäckige »Warum?« (Warum jetzt ins Bett, warum den Apfel aufessen etc.) nicht mit dem »herrschaftsfreien Diskurs«. Denn es ist die Ratio selbst, es ist die Vernunft, die immer noch einen weiteren, verführerischen Grund findet, *warum nicht*. Genau das ist das befreiende, das pluralistische Moment der Kritik: Wenn die Regeln der Eltern plötzlich keine Gültigkeit mehr haben, weil es den Kindern so passt. Was uns hier also begegnet, ist die Negativität der Kritik, ist das, was die Populisten bekanntlich als Gutmenschentum bezeichnen: die normative Kraft nicht des Faktischen, sondern des letzten Worts, die Überzeugung, dass das lebenstechnisch Richtige, das Faire, das Humane auch das Rechte sei. Dies hatte sich die erste postmoderne Generation selbst zunutze gemacht, als sie die falschen, die bösartigen Wörter der Kriegsgeneration dekonstruiert hatte: Sie hatte ihre Eltern schlicht und einfach niedergeredet, sie zum Schweigen gebracht. Die Debatte mit dem vernünftigen Kind (oder dem vernünftigen Vater), die sich gegen die Positivität des »besseren Wissens« seiner Eltern (oder seiner Kinder) erheben, kann nur negativ, nur autoritär beendet werden: Du isst jetzt diesen

Apfel und basta! Du akzeptierst jetzt einfach, dass ich schwul bin! Deine Meinung ist mir egal!

Kurz: Die westlich-kapitalistische Postmoderne hat, alle anderen Utopien, alle anderen gesellschaftlichen Möglichkeiten wirtschaftlich und kulturell zerstörend, nicht der größtmöglichen Freiheit oder den positiven Fakten zum Sieg verholfen. Sondern sie hat ihre eigene (säkulare, pluralistische, demokratische etc.) Utopie, ihre eigene *Ideologie*, ihre eigene Freiheit und Faktizität ins Wesen gesetzt. Francis Fukuyamas These, dass die Geschichte mit der globalen Verwirklichung des liberalen, interkulturellen Verfassungsstaats an ihr glorreiches Ende gekommen sei, wurde zwar immer wieder als das übliche weltfremde Gequassel des »liberalen Geists« und seiner naiven Marktgläubigkeit verspottet (unter anderem von mir selbst). Aber wir sollten doch zugeben, dass Fukuyama bis anhin recht behalten hat – und dass eine Halbwertszeit von über 20 Jahren für eine derart steile geschichtsphilosophische These immerhin nachdenklich stimmen sollte. Denn womit wir es, nachdem die postmoderne Vernunft nach der Wende einige Zeit unentschieden herumgedruckst hat, spätestens seit 9/11 zu tun haben, ist das, was man ein *religiöses Bekenntnis zur Negativität der westlichen Werte* nennen könnte. Man sagt heute wieder, wie in der Anfangsphase des Kalten Kriegs, dass man »für seine Freiheit zu kämpfen bereit ist« – auch wenn es nur vorgeblich um die Freiheit selbst gehen mag und etwa das plötzliche Interesse für die »nicht diskutierbaren« Rechte der Frauen aus dem Mund rechtskonservativer Islamkritiker, die noch vor wenigen Jahren die Quotenregelungen angegangen haben, sich irgendwie unehrlich anfühlt. Doch die unentschiedenen Ansätze zu klassischer Propaganda, wie sie George W. Bush im Vorfeld des Irakkriegs und Präsident Putin vor dem zweiten Tschetschenienkrieg (und seither ständig) anwenden, sind gar nicht nötig – weshalb wohl Putin, wenn er Patriarch Kyrills Hand küsst, auch immer so provozierend grinst, als müsste er den Kameras zeigen, dass er *natürlich nicht* an diesen Schwachsinn glaubt, dass er den Patriarchen und seine ganzen russisch-orthodoxen Werte zum Teufel schicken wird, sobald er sie nicht mehr braucht (was er auch tun wird, es sei denn, er geht vorher selbst zum Teufel, was noch etwas wahrscheinlicher ist).

Nein, diese klassisch modernen ideologischen Gesten (mächtige Männer küssen sich gegenseitig, mächtige Männer schließen einen Geheimvertrag, mächtige Männer beten, mächtige Frauen weinen um den Tod mächtiger Männer etc.) hat die Postmoderne nicht nötig, genauso wenig wie Schauprozesse und planmäßig durchgeführte Großverbrechen. Die Postmoderne eignet sich ihr Erhabenes, das der Kommunismus so großkotzig, so kollektivistisch herausposaunte, eher als kleine, authentische Trophäe an. Denn ein bisschen Authentizität, ein bisschen »Hey, ich bin auch nur ein Schwein!« kommt beim einfachen Volk gut an. Der postmoderne Machtmensch braucht keine Panzerkolonnen und Flugzeugstaffeln, keine Heere von Turnern oder Zwangsarbeitern, die vor ihm paradieren, um sich die Negativität, die Realität seiner Ideologie anzueignen. Ihm reicht dieses kleine, gemeine »weil ich's kann« der mittelalterlichen Despoten, wenn sie vom *ius primae noctis* Gebrauch machten. Denn im Gegensatz zur bedauernswerten Figur des linken Geschichtslehrers, den wir im ersten Teil dieses kleinen Essays kennengelernt haben – der handlungsunfähigen, gleichsam seelisch gelähmten und zu kritischem Konsumismus verurteilten Nebenrolle in dieser *Comédie Humaine*, sagen wir: dem Nerd-Freund des Helden – muss der postmoderne Kapitalist, Sportler oder Staatsmann ab und zu den *capo dei capi* spielen, einen rassistischen Zigeunerwitz machen, seine Frau mit der Praktikantin betrügen, seine Doktorarbeit fälschen oder die Steuern hinterziehen. Er muss die Regeln brechen und diesen unwiderstehlichen, verruchten Parvenücharme spielenlassen, der nichts weiter als die unbegrenzte Vitalität des Kapitalismus und seines klassischen Helden bezeichnet: des einfachen Mannes, der es von »ganz unten« geschafft hat. Der *volle* Charakter muss einige dunkle Facetten haben, und der kapitalistische Führer, so weich gewaschen seine pluralistischen Chefideologen auch sein mögen, muss ab und zu auf seine (wenn auch natürlich bloß imaginäre) Herkunft aus der Gosse hinweisen und ein typisch proletarisches, auf das elementarste Genießen gerichtetes Verbrechen begehen.

Die horrenden Mengen an Reumütigkeit und Selbstkritik, ja: an öffentlicher Preisung der Ideologie des »Alle-sind-gleich« (was sie natürlich nicht sind) und »Für-alle-gelten-die-gleichen-Regeln« (genau dann würde der Kapitalismus nicht funktionieren), die der Chor der Geschichtslehrer, Feuilletonisten und Oppositionspolitiker dem kapitalistischen Helden nach seinem Fehltritt abverlangen, sind gewissermaßen das homerische Moment der postmodernen Ideologie. Es ist der Augenblick, in dem der Held von seiner heroischen Irrfahrt heimkehrt und, als Bettler verkleidet, Buße tut für seine Hybris (und zugleich all seine Nebenbuhler meuchelt oder »mit reinzieht«, wie man im Radsport sagt). Ja, es ist dies der

Augenblick der Offenheit, in dem der Held seine offensichtlichen Fehler zugibt: dass er zu viel gewollt habe, dass er sich dabei vergessen habe, dass er herrisch und unfreundlich gewesen sei, weil ihn nämlich sein (sportliches oder politisches) Projekt völlig verblendet habe. Begleitet wird dieser banale Hymnus der Geständnisse – die meistens im Lob der Familie gipfeln: Penelope hat Odysseus gerettet, indem sie ihn auf den Boden der Tatsachen zurückgeholt hat – von einem Sturzbach der Analysen, in denen beklagt wird, wie weit es mit dem Radsport oder der Verquickung von Fußball und Finanzpolitik, der Unterwanderung der Arbeitnehmerrechte oder der privaten Parteifinanzierung schon gekommen sei – ohne dabei zu erwähnen, dass der Kapitalismus genau so und *nur* genau so funktioniert und dass genau so seine Helden aussehen. Denn hatte man gerade noch den Sieger gefeiert, soll es nun nur noch um Fairness, Rücksichtnahme und Regeln gehen, und da man schon dabei ist, werden alle »egoistischen« Werte im Namen von Differenz, Vielfalt und Diversität, in einem völlig inhaltsleeren Kollektiv- und Teamgeist und seinen pseudohumanistischen Floskeln aufgelöst. Kurz: Diese TV-Analytiker und Feuilleton-Kommentatoren tun so, als wäre der Kapitalismus das Gegenteil seiner selbst.

Obwohl das alles um vieles zurückhaltender und vielstimmiger inszeniert ist, erinnert es doch an die stalinistischen Schauprozesse und die Prozesse im Rahmen der Entnazifizierung und der Abwicklung der DDR: Die Herzenskälte, die zynischen Brutalitäten und Gemeinheiten, das rücksichtslose Absahnertum, das das System seinen Subjekten als Norm abforderte, sind auf einmal, von heute auf morgen, inhuman, inakzeptabel, nicht mehr okay. Bucharin und Wulff, Lance Armstrong und Leni Riefenstahl, Jagoda, Mielke und Guttenberg – sie alle wurden für den zweifellos erheblichen menschlichen Makel bestraft, sich *in nichts* von ihren Zeitgenossen unterschieden zu haben (außer darin, dass sie ein wenig bekannter waren).

Doch warum das alles? Warum bringt die Postmoderne, die doch bekanntlich an nichts mehr glaubt, die alle Verblendungszusammenhänge aufgelöst und alle anachronistischen Rituale abgeschafft hat, diese symbolischen Opfer? Warum musste der mickrigste aller Kleinbürger, der durchschnittlichste aller deutschen Jedermänner, der peinlichste und fantasieloseste aller Hinterbänkler und Nachplapperer, die negative Potenz aus der postpolitischen Impotenz – der deutsche Ex-Bundespräsident Wulff – zu einem erhabenen Bösewicht stilisiert und öffentlich hingerichtet werden? Hier wird etwas sichtbar, was den innersten Motor all dessen ausmacht, was ich als postmoderne Vernunft bezeichnet habe: das zutiefst ideologische und religiöse Bedürfnis, der Geschichte (und sich selbst) zu beweisen, dass das, was man tut, *gut* ist – auch wenn es bedauernswerterweise zur Quasi-Versklavung eines Großteils der Weltbevölkerung und zum baldigen Kollaps aller klimatischen und sozialen Überlebenssysteme führt.

Okay, sagt die postmoderne Vernunft, die Arbeitsbedingungen in der Dritten Welt sind nicht perfekt, sie sind sogar inhuman – aber es gibt (im Gegensatz zum Faschismus, der böse war) keine *Wannseekonferenz*. Es gibt (im Gegensatz zum verbrecherischen Kommunismus) keine *Partei*, die das alles beschlossen hätte. Und wenn unsere Welt also offensichtlich böse, die Position des substanziell Bösen aber nicht besetzt ist; wenn ganze Kontinente im Griff gewaltiger Konzerne sind, und das nur, um einem verschwindend kleinen Prozentsatz der Weltbevölkerung ein Leben in unvorstellbarem Reichtum zu ermöglichen, es aber gleichzeitig nirgendwo einen Führerbunker oder einen unterirdischen War Room gibt, in dem ein irrer Bösewicht sein überschnappendes Diktatorenlachen erklingen lässt – dann bedeutet das doch, dass *wir selbst* böse sind. Und deshalb, so schließt die postmoderne Vernunft ihre kleine Beweisführung, deshalb wird ab und zu einfach *irgendjemand* geopfert.

Dies ist also die aufgeklärte Weise des symbolischen Tauschs: nicht, um die Ordnung zu feiern, nicht, um ihre Verfügungsgewalt über Aufstieg und Untergang, Leben und Tod dem Publikum kathartisch vor Augen zu führen – sondern um zu beweisen, *dass es eine Ordnung nicht gibt*. Oder anders ausgedrückt: dass wir alle irgendwie zuständig und verantwortlich sind, ohne jedoch zu wissen, wofür. Denn wie jeder Systemtheoretiker uns versichern wird, hat im Postfordismus eine Art Feedbacksystem die zentralisierte Macht ersetzt, zu der man sich ja bekanntlich noch katzbuckelnd oder aufrührerisch hat verhalten können. Jeder beobachtet jeden, der Vorgesetzte kontrolliert die Accounts seiner Angestellten, der Konsument schaut seinerseits per Öko-Test dem Großunternehmen auf die Finger (»Sind da auch wirklich 50 Prozent deutsches Rindfleisch drin?«), und wer einmal dummerweise bei Amazon, sagen wir, auf Aurys *Geschichte der O* oder Baudrillards *Agonie des Realen* geklickt hat, dem werden bis zu seinem Lebensende erotische Romane und poststrukturalistische Manifeste mit dem Hinweis »Das könnte Sie auch interessieren« angeboten. Auf dem leeren Thron der Macht sitzen wir alle, und da deshalb alles gleich wichtig oder unwichtig ist, wird noch der unbedeutendste Vorgang je nach gewünschter Außenwirkung basisdemokratisch oder von einem streng elitären Expertengremium (oder einem Fragebogen oder einem Computeralgorithmus) »ausgewertet«, ohne dass damit irgendein Klassen- oder nur ein simples Tyranneninteresse verknüpft wäre. »Würden Sie den Einbürgerungstest bestehen?«, »Welcher Ernährungstyp sind Sie?«, »Wie gut kennen Sie die Popgeschichte wirklich?« – kaum ein Tag vergeht, an dem man sich nicht in einer hirnmüden Pause durch einen vergleichbaren Test klickt. Kafka, der für gewöhnlich als Sänger des totalitären Bürokratismus betrachtet wird, hätte an dieser Form der Überwachung seine Freude gehabt. War es den juristischen Mühlen in seinem *Prozess* nicht gelungen, K. irgendeine Schuld nachzuweisen (weshalb man ihn am Ende einfach ermorden musste), sorgt K. im postbürokratischen Regime selbst dafür, dass mehr als genug belastende Daten vorliegen, die man bei Bedarf gegen ihn einsetzen kann.

Natürlich ist es der sogenannte Kulturbetrieb, in dem die postmoderne Ideologie der kritischen Selbstkontrolle ihre stupidesten Blüten treibt. Muss erwähnt werden, dass dieser Betrieb sich selbst dabei als ideologiekritisch, als aufklärerisch begreift? Noch der blödeste Theater- oder Fernsehmacher hat verinnerlicht, dass es heutzutage eine Prise Reflexivität braucht, dass ein Stoff dekonstruiert oder immerhin aktualisiert werden, dass er in irgendwelche »politischen« Feedback-Kreise eingeführt werden muss, damit er was hermacht. Egal, wie platt die Story ist: Auf irgendeiner Homepage müssen die Meinungen der TV-Zuschauer zu diesem oder jenem

Charakterzug der herumstolpernden Laiendarsteller erfragt und eventuell in den weiteren Verlauf der Handlung eingebaut werden. Ein lustiges Detail ist, dass die *critique automatique* gerade im scheinbar experimentellsten Bereich des Kulturbetriebs am offensichtlichsten der PR gleicht: Sie muss nämlich in *der* Kulturtechnik am plattesten und aggressivsten zum Einsatz gebracht werden, die vom Standpunkt der Rentabilität her am fragwürdigsten ist. Der Kunstfilm ist deshalb reflexiver als das Fernsehen, und das Theater, da völlig von Subventionen und damit direkt von der institutionalisierten Gnade der postmodernen Vernunft abhängig, am reflexivsten von allen.

Jede noch so verschmockte Theaterperformance muss »interaktiv« sein, muss ihre Zuschauer zu Akteuren machen, muss die Bedingungen ihrer Produktion und ihren Realitätsstatus reflektieren. Überhaupt wird im Theater – die analogste und deshalb gemäß der paradoxen postmodernen Vernunft zugleich konservativste *und* politischste Kunstform – wenig dem Zufall überlassen. Nirgendwo, geneigte Leserin, verehrter Leser, ist das Doppeldenk des Spätkapitalismus stählerner als in den darstellenden Künsten! Man braucht nur ein durchschnittliches Spielzeitprogramm eines durchschnittlichen Stadttheaters oder freien Theaters zu lesen, um zu verzweifeln angesichts der dort verquirlten Mischung aus Traditionspflege und Feierabendrevolte, *dieser hysterischen Bestätigung des Bestehenden*. Wie bei einer Dogmatik üblich, ist die Zahl der möglichen Argumente beschränkt, für die Künstler selbst jedoch Anlass ewiger Debatten. Vom dekonstruierten Klassiker zum Dokumentarstück, vom Live-Computerspiel zum Stadtraumprojekt sind die für einen außenstehenden Beobachter irrelevanten ideologischen Unterschiede etwa so hart umkämpft wie die Abendmahlskonzeption innerhalb des spätrömischen Christentums.

Da aber die zeitlichen und finanziellen Ressourcen meist nicht reichen, den jeweiligen Klassiker oder das jeweilige Wirklichkeitsfragment nachhaltig zu postmodernisieren, bietet es sich an, in der Tradition der kleinbürgerlich sentimentalen Genremalerei einige Angehörige exotischer Berufsgattungen (z. B. Manager und Prostituierte) oder einfach ein paar vorgebliche Verlierer der kapitalistischen Arbeits- und Biopolitik (z. B. Arbeitslose und Rollstuhlfahrer) auf der Bühne *irgendetwas* sagen und ein wenig *von sich selbst* erzählen zu lassen. Zu empfehlen ist auch ein Hinweis im Programmheft, dass der Abend »im Kollektiv entwickelt wurde«, »zwischen radikaler Körperpolitik und Bejahung physischer Präsenz changiert«, »auf den Aussagen unzähliger Interviewter beruht«, »mit Wirklichkeit und Fiktion ein intelligentes Spiel treibt« und so fort, also irgendeine unpersönliche postmoderne Huldigungsadresse einzuflechten. Wenn man schließlich, was ab und zu vorkommt, in Provokationslaune ist, dann bringt man einfach die gerade angesagten *guten* kulturideologischen Schlüsselreize (im Augenblick der Abfassung dieses Essays: »Inklusion«, »Stadtraum«, »Partizipation« und »Utopie«) im Programmheft unter, ihre *bösen* Gegenbegriffe aus der Wallstreet-, Populisten-, Pentagon-, Bobo- oder Nazisprache hingegen lässt man auf der Bühne die Schauspieler herausschreien. Diese wiederum müssen eine feine Distanz zu ihrer Nazi- oder Pentagon-Persona »mitspielen«, was man aber sowieso auf jeder Schauspielschule antrainiert bekommt, denn natürlich gilt die *critique automatique* an Kunsthochschulen verschärft. Der simpelste und schnellste, wenn auch natürlich ausgelatschteste Weg zum Kuratorenglück liegt aber nach wie vor darin, »hinaus auf die Straße« zu gehen. Am besten an einen Ort, der innerhalb der postmodernen Topografie als »interkulturell« oder »minoritär« gilt, z. B. ein türkischer Hamam, eine triste Plattenbausiedlung oder eine brasilianische Favela, wo dann immer auch ein paar »Türken«, »Ostdeutsche« oder »Brasilianer« (denen ihre Nationalität vorher eher egal gewesen ist) mitspielen müssen.

Doch wir wollen hier in keine Detail-Phänomenologie der *critique automatique* eintauchen. Denn all diese Aktionen, all diese sogenannten »Herausforderungen« des Kapitalismus oder des Zuschauers, spielen natürlich genau das gleiche Spielchen, das die Inspektoren im real existierenden Kommunismus spielten: Sie tun so, als würde tatsächlich noch jemand glauben, dass die Dinge grosso modo okay laufen und man nur ein bisschen am Schräubchen drehen muss, damit alles schön in Ordnung bleibt; als ob es überhaupt noch jemanden gäbe, der nicht bereits mitspielt, der die *rules of the game* nicht längst verstanden hätte und der deshalb an die Hand genommen und aufgeklärt werden müsste. Wenn also die postmoderne Vernunft kritisiert, dass es den »reinen«, von niemandem kontrollierten kapitalistischen Drittwelt-Unternehmer gibt (der ausschließlich Abfall produziert und den Tod seiner Angestellten in Kauf nimmt), dass es ein »verblödetes« Fernsehen und ein »bürgerliches« Theater gibt (das überhaupt kein Bewusstsein für die basalsten Realismus- und Partizipationsprobleme hat und sich einen Dreck um die Meinung seiner Zuschauer kümmert, solange es nicht um Profilierung geht), dann verhindert sie paradoxerweise tatsächliche Aufklärung, *indem* sie rein faktisch die Wahrheit sagt. Das Problem ist nämlich nicht, dass das irgendjemand nicht gewusst hätte: Ein ständig wachsendes Heer von Kulturmanagern, Dramaturgen, Ökonomen und Publizisten, gegen das die klassisch-totalitären Staatsapparate wie ein Haufen desorganisierter Amateure wirken, arbeitet rund um die Uhr daran, uns die Mängel des Kapitalismus *immer und immer wieder* vor Augen zu führen und mit vorgeblich alternativen Praktiken der Sorte »Bürgerbühne«, »Kulturaustausch« und »Mikrokredit« unsere letzten utopischen Rücklagen in einer sterilen Konzept- und Kongress-Orgie zu vergeuden. Nein: Das Problem ist, dass so getan wird, als ergäbe das alles Sinn, als existierte überhaupt noch jemand, der nicht weiß, dass die menschliche Zivilisation zu Ende geht, und zwar endgültig und unter gewaltigem Gelächter – und den man zuerst aufklären muss, bevor an praktische Abhilfe zu denken ist. Das Problem ist die als Kritik getarnte postmoderne Diktatur des Nicht-Jetzt, der Verbesserung anstelle der Änderung, der Dekonstruktion anstelle der Konfrontation. Oder um es völlig simpel und leninistisch zu sagen: der *Revision* anstelle der *Revolution*.

Damit schließt sich unser argumentativer Kreis. Wie die unseligen Revisionisten am Vorabend der Oktoberrevolution zuerst das Bewusstsein des Proletariats entwickeln wollten, bevor an eine Revolution zu denken wäre, wollen wir Post-Revisionisten zuerst wie Miss Marple genug Informationen sammeln, zuerst ausführlich mit den »Betroffenen« sprechen, bevor wir den Kapitalismus dann eines fernen Tages festnageln werden (denn das politische Bewusstsein interessiert uns sowieso längst nicht mehr, wir haben uns mit der Selbsterfahrung der

Erniedrigten auf der einen und der ebenso folgenlosen Analyse der »harten Fakten« auf der anderen Seite zufriedengegeben). In Wahrheit wollen wir Pseudo-Kritiker der Macht gar nichts ändern, in Wahrheit wollen wir niemanden festnageln, und wir brauchen die bewusstlos in ihren exotischen Milieus verharrenden Betroffenen und die »dummen Zuschauer« genauso wie die Revisionisten das entfremdete Bewusstsein des Proletariats: damit wir immer weiter und weiter auf der Stelle treten und unser impotentes Utopie-Scrabble am Laufen halten können. Damit wir immer von Neuem erschrecken können am Erhabenen des Kapitalismus. Damit wir immer noch ein weiteres Mal das vorgeblich Imperfekte, das vorgeblich Abweichende, das vorgeblich Pluralistische, die unberührte Natur und die echten Traditionen feiern können, die »immer mehr verschwinden«, wie es so schön heißt (dabei werden sie bloß verwertet).

Im Dritten Reich hatte es bekanntlich geheißen, wenn mal wieder ein besonders idiotisches oder besonders ekelhaftes, dabei natürlich vollkommen systemimmanentes Verbrechen ans Licht kam: »Der Führer weiß nichts davon.« Genauso imaginieren wir Künstler und Feuilletonisten, wir Pseudo-Politiker, Pseudo-Realisten und Weltuntergangsbesprecher selbstgerecht eine Öffentlichkeit, die nicht weiß, dass man nur mit Doping die Tour de France und nur mit Spenden aus der Wirtschaft einen Wahlkampf gewinnen kann, dass man nur unter Vernichtung aller Ressourcen und jeglicher humaner Produktionsbedingungen immer schneller immer mehr produzieren kann. Wir imaginieren uns eine Öffentlichkeit, die nicht mitgekriegt hat, dass der Realismusbegriff der Renaissance in den letzten 500 Jahren ab und zu zur

Debatte gestellt wurde (der im Übrigen so naiv auch nicht war, denn verglichen mit der Einführung der Zentralperspektive, waren die abstrakten Versuche der Moderne höchstens eine kleine Fingerübung) und dass das Reale und das Symbolische ein, sagen wir mal, problematisches Verhältnis zueinander haben. Wir betreiben diese völlig tautologische Theorie-Performance, weil wir sie brauchen, diese *imaginäre* Öffentlichkeit, die die Logik der kapitalistischen Wunschproduktion vorgeblich so wenig verstanden hat, dass sie, würde sie nicht von uns und unseren kraftlosen, hysterischen Kunstwerken, unseren repräsentationskritischen und kultursoziologischen Mahnschriften ständig an die Hand genommen, mit Warhol-Tomatendosen Spaghetti kochen und abends vor dem Schlafengehen unterm Hitlerbild eine Elektrozigarette rauchen würde. Ja, wir brauchen es, dieses postmoderne Proletariat ohne Bewusstsein, weil wir nicht wollen, dass sich diese Welt ändert. Weil wir uns in ihr bequem eingerichtet haben wie Nietzsches »letzte Menschen« in ihrem »ewigen Sonntag«: ein nicht endender Feiertag, an dem sogar Gott nicht tot, sondern nur irgendwie sediert ist und wir uns morgens ein französisches Croissant mit Marmelade nach Großmutters Art, mittags frische, biologisch korrekt angebaute Spargel (von rumänischen Billigarbeitern gestochen) und abends in einer ehemaligen Munitionsfabrik eine globalisierungskritische Performance reinpfeifen können.

Wenn mir also mein russischer Staatsanwalt, wenn mir die südfranzösische Foucault-Schülerin vorhalten, die postmoderne Gesellschaft sei nicht nur metaphysisch krank, traditionsvergessen und von einem diabolischen Narzissmus besessen, sondern schlicht *totalitär* in ihrem

Alleingeltungs- und Ewigkeitsanspruch, so haben sie, was die trockene Empirie und das kulturelle Unbewusste angeht, völlig recht. Und wenn man etwas näher hinguckt, dann sind diese Neo-Populisten, die natürlich Post-Folk hören, handgefertigte Klamotten aus dem Kaukasus und Nordafrika tragen und mit Immigranten aus den betreffenden Gebieten völlig entspannten Sexualverkehr haben (»Mes mecs sont marrocains«, sagte mir die Foucault-Schülerin), nicht nur die besseren *Täter*. Sie können nicht nur Abstimmungen gewinnen, die gegen die Menschenrechte verstoßen, sie können nicht nur junge Künstler einsperren, Homosexuelle verprügeln, je nach Tagesform den Völkermord an den Armeniern oder den Klimawandel leugnen, die natürliche Zweitklassigkeit des weiblichen Hirns beweisen und das Ganze mit den Begriffen »Meinungsfreiheit« und »Objektivität« tarnen. Sie können nicht nur Asylantenheime abfackeln, irgendwelche Frankenstein-Begriffe wie »Heimat«, »Ehre« und »Unternehmertum« abfeiern und auf der Eisdecke jahrtausendealter Ängste und Vorurteile Schlittschuh laufen. Nein: Sie sind auch die besseren *Opfer*.

»Wir wollen nur, dass man uns in Ruhe beten lässt. Diese Mädchen können ihre Musik machen, wo sie wollen, aber bitte nicht bei uns in der Kirche«, erklärte mir der Sprecher des Moskauer Patriarchats, als ich ihn auf die Aktion von Pussy Riot in der Erlöser-Kathedrale ansprach. Okay, die Reaktion der Gläubigen wirke wohl, aus dem Westen betrachtet, etwas überzogen; aber man müsse das alles vor dem Hintergrund der stalinistischen Verfolgungen sehen, von denen die orthodoxen Russen nun mal traumatisiert seien wie die Juden vom Holocaust. Ob denn Synagogen in Deutschland nicht auch geschützt seien gegen Vandalismus? Und schließlich könne man als Ungläubiger nicht verstehen, dass der Altarraum einem Orthodoxen mehr als sein Leben bedeute, wozu natürlich die einseitige Berichterstattung im Westen das ihrige beitrage ...

Man sieht schon, worauf ich hinauswill: Postmoderner als die Verlautbarungen der auferstandenen russischen orthodoxen Kirche kann ein Diskurs gar nicht sein. Minderheiten- plus Opferdiskurs, garniert mit einer historischen Traumatisierung à la Holocaust und dem genialen tautologischen Hinweis, man könne den anderen ohnehin nur verstehen, wenn man *er selbst* sei. Würde es sich dabei um das Konzept für ein postdramatisches Tanzfestival handeln, so wäre ihm Förderung gewiss. Alles, was die *postmoderne Vernunft* sich ausgedacht hat, um die Macht der Metaerzählungen und totalitären Traditionen zu brechen, erweist sich hier als Digestif der *populistischen Vernunft* – und zwar bis hinein in die imaginäre Position einer nicht genügend informierten Öffentlichkeit und das Gefasel vom zivilisierenden, aber zerbrechlichen Rechtsstaat. Denn merke: Auch die Populisten arbeiten investigativ, betreiben Gesellschaftskritik und werden umgetrieben von der metaphysischen Vorstellung des »Verschwindens aller Ordnungen«. Auch die Populisten haben Luhmann, Baudrillard und Butler gelesen. Nur haben sie, ganz offensichtlich, andere Schlüsse daraus gezogen: Sie wollen nicht die Zukunft erobern, sondern die Vergangenheit, was sicherlich genauso unmöglich und im Übrigen ihr gutes demokratisches Recht ist. Denn wer würde die eine Utopie schon über die andere stellen?

Es kommt nicht darauf an, in den hermeneutischen Zirkel hineinzukommen, so könnte man Heidegger ironisch gegen sich selbst wenden: *Es kommt darauf an, wie man wieder herauskommt.* Die postmoderne Vernunft hat ihren Flug beendet, alle Passagiere sind gesund und glücklich in der Posthistoire angekommen. Die Frage ist nur, wie wir aus der Sache wieder rauskommen.

EPILOG: **WAS TUN?**

Machen wir uns keine Illusionen: Die Frage, was denn nun genau zu tun sei, um aus dem Teufelskreis von Kapitalismuskritik und unfreiwilliger Systemoptimierung herauszukommen, stellt sich die linke Intelligenz seit nunmehr länger als einer theoretischen Generation. Und nicht einmal die logische Anfangsfrage ist bisher annähernd beantwortet worden: Ob man einfach noch postmoderner, noch dekonstruktivistischer, noch anarchistischer als die postmoderne Vernunft sein muss, um sie mit ihren eigenen Mitteln zu besiegen. Oder ob man ganz im Gegenteil zurückkehren sollte zur Moderne und ihren bürokratischen Ordnungsfantasien.

Während so die einen auf globalisierte oder gar virtuelle Schwärme, phantomartige Protestbewegungen oder Realabstraktionen wie die *Multitude* setzen, favorisieren andere die Wiederbelebung klassisch-moderner, streng hierarchischer Organisationsformen wie Gewerkschaften, neue Linksparteien, staatlich fixierte Mindestlöhne und so fort. Und was eine detaillierte Phänomenologie von »links« seit 1989 angeht, so gibt es schlicht nichts, was nicht ausprobiert worden wäre. Kommunitaristische Minirevolten, alle möglichen Aneignungs-, Enteignungs- und Überidentifikationspraktiken, neuer

Punk, neuer Anarchismus, neue Sozialdemokratie, akademische Marx-Relektüren, neuer New Journalism und neues Cinéma Vérité, neues politisches Theater und Neosituationismus, neue Ernsthaftigkeit und neue Engagiertheit und schließlich die Inanspruchnahme lokaler oder vom real existierenden Kommunismus übergangener linker Theorietraditionen von Gramsci über Zapata bis Simone Weill: Alles ist bereits da gewesen und von der guten alten Kulturindustrie und ihrem kleinen Bruder, der bildungsbürgerlichen Kongress-, Kunst- und Festivalkrake augenblicklich verramscht worden. Und schließlich darf man auch die Vorschläge zu einer neuen, postkapitalistischen Langsamkeit nicht vergessen, wie sie zuletzt (politisch anschlussfähig) Harald Welzer in *Selbst denken* und auf psychostrategischem Gebiet Byung-Chul Han in seinem Essay *Müdigkeitsgesellschaft* vorgebracht haben.

Im Marketing heißt es bekanntlich streng nach Hegels »umso schlimmer für die Tatsachen«: Eine gute Geschichte darf man sich nie von der Wahrheit kaputt machen lassen. Das Gleiche gilt auch beim politischen Denken. Wie hätte sonst der Liberalismus die Finanzkrise und alle anderen Krisen des kapitalistischen Systems, wie hätte der Populismus die barbarische Blamage all seiner Werte im 20. Jahrhundert überstehen können?

Genau hier kommt Lenin wieder ins Spiel: der voluntaristische Lenin von *Was tun?* (1902) und den *Aprilthesen* (1917), aber auch der Lenin des völlig gegensätzlichen Buchs *Staat und Revolution*, das er im September 1917 schrieb. Denn genau hier – direkt nach Kerenskis Putsch gegen den Zaren, als erstmal die Entwicklung der bürgerlichen Zivilgesellschaft ins Haus zu stehen schien, und nichts auf eine revolutionäre Situation hinwies – entsteht der gleichsam *doppelte* Lenin.

In *Was tun?* und den *Aprilthesen* singt er das Hohelied einer per Actionanalyse mit dem Weltgeist korrespondierenden Elite, es sind Manifeste des utopischen Ereignisses und der jakobinischen Taktik. Linke Philosophen wie Alain Badiou und Jacques Rancière, aber auch Politologen wie Chantal Mouffe oder Ernesto Laclau stützen sich auf diesen Lenin des »find, fix, finish«, der offenen Konfrontation und der Verweigerung aller demokratischen Ersatzstoffe. Es ist der anarchistische, der Punk-Lenin, der einen befreienden Browning-Geruch verströmt, der den Kapitalismus nicht dekonstruiert, um ihn ein wenig fairer zu organisieren. Nein, er zerschmettert ihn, er führt aus, was man mit Alain Badiou eine »Politik der Wahrheit« nennen könnte: das Ende des von Wahlhysterien legitimierten Immerweiter, das Ende des Primats der Wirtschaft und überhaupt des »Ökonomismus«, das Ende aller Unterbauten und Sonderregelungen, die den Kapitalismus ein wenig softer machen und wie der Igel im Märchen immer schon am Ziel sein lassen, bevor der Hase Revolution überhaupt losgelaufen ist. Erziehung der Massen? Klassenkampf? Fehlanzeige, denn die intellektuelle Avantgarde erledigt die Revolution gleich selbst. Von der Hegellektüre direkt an die Macht: Es ist der Lenin des quasi-künstlerischen politischen Akts, der sich in *Was tun?* und später den *Aprilthesen* zu Wort meldet – wofür er in linken Künstler- und Intellektuellenkreisen besonders verehrt wird.

Einen völlig anderen Ton schlägt Lenin einige Monate darauf in *Staat und Revolution* an. Das Buch ist, immerhin im zweiten Teil, eine kaum zu übertreffende kybernetische Onaniervorlage, eine Orgie der organisationsanalytischen Fricklerei. Falls es wieder mal publiziert werden sollte, so schlage ich als PR-Strategie vor, einfach ein paar Wörter zu postmodernisieren und es in Parallele zum »jungen Marx« als utopisches luhmannsches Frühwerk zu verkaufen. Oder anders gesagt: Wer den größtmöglichen Hymnus auf alles, was üblicherweise unter dem Begriff Postpolitik subsumiert wird, in seinem Bücherregal stehen haben möchte, muss sich *diesen* Lenin kaufen, diese aus kybernetischer Logik, Ökonomie und Old-Style-Humanismus gezimmerte Utopie einer Zukunft. Platos Philosophenkönig tritt uns hier nicht mehr als Wutbürger mit der Browning in der Hand entgegen, sondern sonnig lächelnd im Ingenieurskittel. Mit einer im wortwörtlichsten Sinn *selbstlosen* Hingabe arbeitet er an der Perfektionierung dessen, was Lenin »die freie Assoziation der Produzenten« nennt – einer gewaltigen, globalen Fertigungs- und Diskussionshalle, in der jeder Arbeitende ganz bei sich selbst ist und das unglückliche Bewusstsein Lokalverbot hat. Ein exzessives Verschwinden hat eingesetzt: Zuerst sind die politischen Repräsentationsapparate verschwunden, dann der Staat insgesamt und am Ende auch die Kritik, diese sympathischste aller kleinbürgerlichen Tugenden. Denn warum sollte man die Dinge kritisieren, wenn man sie doch viel schneller verändern kann?

Es gibt also bereits im Frühherbst 1917, vor jeder Revolution, *zwei* imaginäre Formen linker Machtpolitik: eine des radikal politischen Putschs und eine der völlig unpolitischen Bürokratie. Von diesem doppelten Lenin aus entwickeln sich die beiden großen Linien modernen kommunistischen Denkens. Aber nicht (und darum geht es mir) dialektisch, in gegenseitiger Abhängigkeit, als zwei Seiten einer Medaille, sondern in einer Art unerklärter Konkurrenz. Auf *Was tun?* wird sich von nun an die terroristisch-dissidente Linie der Akademiker, Strategen und Kulturarbeiter berufen – angefangen mit der Theorie der permanenten Revolution über alle möglichen Guerilla- und Occupy-Praktiken bis hin zu den akademischen Kritikern der Postpolitik. Von *Staat und Revolution* gehen die meist natürlich ziemlich bürokratischen Entwürfe der Gewerkschaftsfunktionäre und Parteipolitiker aus, die von einem nachhaltigen Umbau der ökonomischen Ordnung träumen. Was auch immer »links« zu sein seit Lenin hieß, es bedeutete immer auch, eine geheime Grundsatzentscheidung für den jeweils einen oder anderen Lenin zu treffen. Während es jedoch bis 1989 zum guten Ton gehörte, den Kollegen vom anderen Flügel immerhin pro forma einen dialektischen Schlenker zu gönnen, löste die *zweite* Postmoderne, die auf den Untergang des real existierenden Sozialismus folgte, die Beziehung zwischen *Was tun?* und *Staat und Revolution*, zwischen Revolte und sozialer Gerechtigkeit, endgültig auf. Die bürokratische Linie verabschiedete sich von jeglichen utopischen Hintergedanken, konzentrierte sich fortan auf die Rettung des westlichen Wohlfahrtsstaats und schlug sich mit den entnervenden postmodernen Dummheiten der Populisten herum. Die anarchistische Linie dagegen konzentrierte sich auf eine Art Revolutionstheater ohne jede machtpolitische Absicht, die über die Gründung eines neuen Kulturzentrums oder die Entdeckung irgendeiner neuen »minoritären« oder »queeren« Stimme pro Saison für den postmodernen Meinungschor hinausgegangen wäre.

Ja, es ist, als hätte sich eine geheime, antidialektische Arbeitsteilung etabliert: hier die realpolitische Positivität, dort die anarchistische Negativität. Hier der Tarifvertrag- und Interkulturbastler, der das kapitalistische System und die parlamentarische Demokratie als letzte Heraufkunft des Realen begreift, die man möglichst fair einrichten muss, dort der Situationist, der realpolitische Anschlussfähigkeit und irgendwelche systemischen Ansätze a priori uncool, totalitär und differenztheoretisch unterkomplex findet. Aus dem doppelten Lenin macht die postmoderne Vernunft so gewissermaßen zwei ungleiche Zwillinge: den besonnenen, etwas humorlosen Bruder, der Betriebswirtschaft studiert hat und genauso routiniert, wie er sich bei Ökostromanbietern und grünen Lokalpolitikern auskennt, seinen erwirtschafteten Mehrwert nicht in Billigurlaube, sondern in in jeder Hinsicht nachhaltige Bildungsreisen nach Nordafrika investiert. Und den irgendwie auf dem Anarcho-Trip hängengebliebenen, manchmal etwas panischen Bruder, der auf Demos in holprigem Spanisch »El pueblo unido, jamás será vencido« skandiert, in einer Band mit ironischem Namen Bass spielt, sich in allen möglichen Kollektiven basisdemokratische *critique-automatique*-Gefechte liefert und überzeugt ist, dass die Besetzung eines Hamburger Stadtparks oder eines Londoner Einkaufszentrums den Kapitalismus in ernste symbolische Legitimationsprobleme bringen wird.

Meine simple These lautet nun folgendermaßen: Man kriegt das linke Denken, man kriegt Lenin nur doppelt. Oder mit Hegels Begriffen ausgedrückt: Die »Verständigkeit« der Realos und die damit im Widerstreit liegende »negative Vernünftigkeit« der Anarchos muss in einer »spekulativen Vernünftigkeit«, einer utopischen Dialektik zusammengeführt werden. Es geht nicht mehr darum, entweder realistisch oder kritisch zu sein, sondern *auf eine unrealistische Weise realistisch.* Denn wie wir bei der Besichtigung der postmodernen Vernunft gesehen haben, funktioniert das, was man als *Kapitalistischen Realismus* bezeichnen könnte, selbst völlig spekulativ, gemäß der Logik des »Ich weiß, aber trotzdem«. Jeder weiß, dass unsere Zivilisation in absehbarer Zeit untergehen wird, wenn wir nicht eine substanzielle Alternative zur heutigen Weltordnung finden; jeder weiß, dass ein Großteil der Weltbevölkerung dank Globalisierung und Freihandel in absoluter Armut lebt; alle haben wir längst begriffen, dass eine oberflächlich fairere und damit schlicht und einfach noch umfassendere Entfesselung des Kapitals bloß das Tempo beschleunigt, mit dem es zu Ende geht – und *trotzdem* machen wir weiter, Kritik natürlich inklusive.

Die Alternative zum Kapitalistischen Realismus kann also nicht *kein* Realismus oder *noch mehr* Kritik sein. Nein, sie muss ein *besserer Realismus* sein. Wenn die postmoderne Vernunft in der naiven Absicht, alle »großen Erzählungen« zu vernichten, mit dem Postfordismus die beeindruckendste Großerzählung aller Zeiten erfunden hat – so müssen wir uns jetzt, ob es uns passt oder nicht, eine noch bessere ausdenken. Denn wenn die Schüler vom Anfang dieses Essays über das bekannte pseudodemokratische Argument ihres linken Geschichtslehrers – die Dinge, sagt der, hätten so viel Wert, »wie man selbst ihnen beimisst« – nur lachen können, liegt das nicht daran, dass sie zynisch wären. Es ist einfach unwahr. »Den Dingen selbst einen Wert beimessen« ist nichts anderes als der esoterisch vergoldete Trostpreis, es ist das Kains-

mal aller Verlierer des Kapitalismus. Was Wert hat und was wertlos ist, wofür man Anerkennung kriegt und wofür nicht, was verführerisch ist und was es eben letztlich doch nicht ist, bestimmt nicht der pluralistisch aufgetunte Individualist. Es bestimmt auch nicht die coole Peergroup. Es bestimmt der, der das Sagen hat. Es bestimmt *das System*.

Es gilt also: Der totalitäre, der systemtheoretische Lenin beißt dem anarchistischen in den Schwanz – und beide gemeinsam machen die Revolution. Denn neben der ökonomisch als gut und richtig erkannten, neben der realpolitischen These, muss die Antithese der Zerstörung dessen stehen, was sie behindert. Und wer auch immer diese genauso symbolische wie reale Revolution machen wird: Sinnvoll ist sie nur, wenn dahinter die Utopie einer grundsätzlich *anderen* Währung des Glücks und der Anerkennung steht, eine größere Verführung, wenn die Dekonstruktion des »Sie« mit der Konstruktion eines »Wir« einhergeht, der Konstruktion eines konkreten gesellschaftlichen Raums. Was wir brauchen, ist ein zugleich radikal dekonstruktiver und völlig altmodisch konkreter Realismus, so humanistisch-totalitär ausgestrichelt wie Lenins Utopie in *Staat und Revolution* und so wuterfüllt und hysterisch wie seine *Aprilthesen*. Denn das eine ohne das andere schafft keinen Widerstand, nicht einmal Analyse, sondern einfach nur eine weitere örtliche Betäubung des gewaltigen utopischen Phantomschmerzes unserer Zeit. Eine weitere engagierte Besprechung des Weltuntergangs oder einfach nur das Smiley hinter der bösartigen SMS, die uns die Philosophie der letzten 50 Jahre zugeschickt hat und in der steht: Mit der Geschichte des Menschen ist es vorbei.

– Es geht also darum, noch einmal von vorn anzufangen? Mit Lenin und dem ganzen Scheiß?

– Genau.

– Aber ist es nicht schon das erste Mal danebengegangen?

– Könnte man so sagen.

– Ist es also nicht erwartbar, dass uns die Sache auch diesmal entgleitet?

– Ehrlich gesagt, wäre das egal.

– Warum?

– Die Sache ist uns ja ohnehin längst entglitten.

– Das heißt, wir haben gar keine Wahl?

– Nein, wir haben die Wahl. Aber eben nur genau diese.

Druck und Bindung: Kösel GmbH, Krugzell
ISBN 978-3-0369-5684-8
Auch als eBook erhältlich

www.keinundaber.ch